「2030年日本」のストーリー

武器としての社会科学・歴史・イベント

牧原 出［編著］
安田洋祐／西田亮介／稲泉 連／村井良太／饗庭 伸［著］

東洋経済新報社

はじめに

手が届きそうな近い将来はどんな時代になるのだろうか。この本では、「ほんの明日」について考えてみたい。

新型コロナウイルス感染症もウクライナ危機もない頃のこと。何かがおかしい、このまま楽観的なシナリオが未来永劫続くのだろうか。そんな思いがしばしば脳裏をかすめた。冷戦後の「自由民主主義の勝利」とグローバル資本主義の繁栄のさなかであった。もちろん、格差社会やポピュリズムがもたらす政治的分断、地球温暖化、高齢化・人口減は、いずれ世界を深刻な危機として襲うかもしれない。では、はたして危機はどのように顔を出すのだろうか。

そんな思いの中、直近の未来を見据えて分野を超えて議論してみようと研究会を立ち上げたのが、2017年。遠くない未来として、来る2020年代を捉えてみたらどうなるだろうかという問いをめぐって、一人で思い悩むのではなく、大勢の協働作業ではじめてみようと思い立った。

それはいってみれば劇作家・文芸批評家・哲学者の故山崎正和氏のいう「おんりい・いえすたでい」の逆さま、「おんりい・とうもろう」である。山崎氏は、終わったばかりの1960年代を振り返り、その10年で起こった身近な事象や国家イベントを論じた。下敷きにあるのは、金ぴかのアメリカ1920年代を振り返ったジャーナリストのF・L・アレンが綴ったOnly Yesterdayである。「つい昨日」は何だっただろうかという思いが、過ぎ去ってみると湧き上がる。では、「ほんの明日」はどうなるだろうか。これから起こる10年は？

それは不確定の未来であるがゆえに、既存の手法で未来予測を立てたところで特に面白みはない。参加者それぞれ独自の方法があって、互いの見立てを自分の見立てに重ね合わせてみたら、何かが見えてくるのではないかと期待してみた。

そのためには、なるべく分野はばらけた方が好都合である。そこで著作や、メディアでの発言から「ぜひこの人に」と声がけした5名が集まってくれた。饗庭伸（都市計画）、稲泉連（ノンフィクション作家）、西田亮介（社会学）、村井良太（日本政治外交史）、安田洋祐（経済学）の5名である。

饗庭さんは、著書『都市をたたむ』(花伝社)で人口減の中「スポンジ化」する町並みを「たたむ」と言い当てることで、人口減社会における新しい都市空間のあり方を提案している。稲泉さんは、老若男女を問わず話しかけ、自分の本に仕立てていく。特に気になったのが、その昔の東京オリンピックとともに開かれたパラリンピックについての著書『アナザー1964　パラリンピック序章』(小学館)だった。西田さんは、SNSから政治意識を読み解く分析を切り開き、新しい時代の研究者のあり方を発信していた。もう一つの横顔が、テレビや新聞・雑誌でも社会現象を切ってみせる若手の論客である。村井さんは、昭和初期の政党内閣の時代を読み解き、最近は1960年代とりわけ佐藤栄作内閣時代を研究している。東京オリンピックと大阪万博という1960年代のイベントの上に佐藤栄作が長期政権を展開した時代と、どう2020年代が切り結ぶかを考え続けている。そして、安田さんは、NHKの番組「欲望の資本主義」シリーズなどで活躍している若手経済学者であるが、経済産業省の「プラットフォーム」なる新しい政策形成の実験場で同席したことがあり、あふれ出る問題提起に正直舌を巻き、ぜひにとお誘いした人である。

もっとも私を含めた6人でただただ話し込んだわけではない。メディア、公共性、パラアスリート、末期医療、VR、地域社会の人口減、都市再開発と建築、国家論、身体性といった諸問題の専門家を招き、議論を重ねた。ゴールは2020年として、その年に東京オリンピックが開かれるはずであり、その後2025年の大阪万博の開催も決まっていた。そして、戦後とりわけ山崎正和氏の『おんりい・いえすたでい'60s』が対象とした1960年代の高度経済成長と何が異なるのか、歴史を振り返りつつ未来を見渡そうという意図もあった。ちょうどオリンピックと万博が再現されるかのような2020年代は、1960年代を下敷きに考えることができるかもしれないのである。

ところがとりまとめに入る2020年代の入り口で、世界は新型コロナウイルス感染症のグローバル・パンデミックに翻弄され、事態は予想とは大きく逸れていったように見えた。それまでの議論の蓄積があったからだろうが、私たちは、コロナ禍で逆に毎月オンラインで議論を重ねることができたし、それぞれが未来を読み替えながら、2030年付近を目指してこの本の各章を仕上げていった。

そんな数々のトピックを通り過ぎた一つの終着点が、ここにある。

だが、単なる6人の論文集ではない。他のメンバーの未来像に重ね書きをするような思考実験には、仕掛けが必要である。それはペアリングだ。本書は6人を3つのペアにして、Ⅲ部構成をとってみた。それぞれ相手の論説をいくらかは意識しながら、自分なりのこれからの10年を見渡そうというのである。

まず第Ⅰ部は、若手の論客、安田さんと西田さんの対局である。ここでのテーマは、社会学と経済学からどう未来を見渡すのかという問いである。「武器としての社会科学」の可能性をそれぞれが語っている。西田さんは、メディアのあり方を、安田さんはゲーム理論で言う「ゲーム」をとり上げる。科学という武器で、互いにどう切り結ぶかの演舞をまずは御覧ありたい。

続く第Ⅱ部は、稲泉さんと村井さんのとりあわせである。ノンフィクション作家の腕で東京パラリンピックを描く稲泉さんの「ストーリー」と、政治史家の村井さんが描く佐藤栄作政権という「ヒストリー」。戦後の物語り方を問いかける、いわば「物語る歴史」がテーマである。二人の語りは、ちょうどこの1964年に初めてオリンピックとパラリンピックが対に開催されるようになるのと似ている。表のストーリーは、オリンピックがあってパラリンピックもあったわけだが、パラリンピックがあったときにオリンピックはどうなるか。時代像を転倒させるとどんな未来が見えてくるだろうか。

最後の第Ⅲ部では、饗庭さんと筆者が、都市計画・国土計画を素材に空間の変え方・変わり方を取り上げる。饗庭さんは、都市のスポンジ化と過去に縛られがちな「経験の檻」を「反転」させようとするのに対し、筆者は国土計画からフラット化する世界へと空間イメージを拡げつつ、空間を回転させる「パノラマ」を提案している。「空間の回し方」がトピックとなっている。

なお本書では、談論風発だったディスカッションの雰囲気をそのまま伝えようと、工夫をこらしてみた。ペアリングの各章末に、それぞれが相方の論説に1ページずつ感想を語っている。いずれも、研究会の場での発言を短くまとめたものである。また、各ページは下段に吹き出しでコメントをそれぞれ相方につけている。タイムラインのように読めるのではないかという趣向である。

各章から「そんな未来像もあるかもしれない」と感じていただけたら望外の幸せである。最後に、この研究会に助成をいただいたサントリー文化財団には厚くお礼を申し上げたい。

2023年1月

牧原　出

| contents |

第2章 西田亮介

2030年のメディアの公共性——多様性から共通性へ

第5章

退場する都市空間と「国土の身体化」

饗庭伸

第6章 牧原 出

※本文写真(敬称略)
西田亮介(第1章下部、撮影:佐々木 仁)
安田洋祐(第2章下部、撮影:今井康一)
村井良太(第3章下部、筆者提供)
稲泉 連(第4章下部、撮影:尾形文繁)
牧原 出(第5章下部、サントリー文化財団提供)
饗庭 伸(第6章下部、撮影:中藤毅彦)

第I部

武器としての社会科学が斬る2030年

科学と現在、楽観と悲観

最初のとりあわせは、経済学の安田洋祐さんと、社会学の西田亮介さんである。それぞれメディアで大活躍する論客である。アカデミアでは、安田さんはミクロ経済学で、西田さんはメディア社会学で研究に取り組んでいる。若者代表とばかりにはつらつとした振る舞いで議論の口火を切る二人だった。臆するところはなく、次々と質問をしたり、コメントしたり、問題提起したり。それぞれいかに相手と違うことを言うかを考えながら、議論に割って入るのを楽しんでいた。

第Ⅰ部の二つの論説は、研究会を終えた後に、コロナ禍の下での新しい問題意識を携えて書き下ろされたものである。

安田さんは、社会的距離をとるＳＤＧという新しい社会秩序を提唱している。西田さんは、メディアのこれからを見渡し直す。二人は、経済学、社会学から現状をとらえようとする。つまり、科学と現在がここでのモチーフである。安田さんがフィールドとしてのゲームに着目しつつ、SDGという新しい人と人との関係性を提唱したとき、それは西田さんから見れば、メディアの新しいあり方になると読んでみたくなる。

二人は、楽観と悲観を織り交ぜる。研究会では、安田さんが楽観シナリオを唱えれば、西田さんがその裏をとって悲観シナリオを唱えたりという、キャラ立ちのようなものがあった。

ところがこの第I部では、安田さんが悲観シナリオを唱えたり、西田さんが前向きになったりというわけである。そして、互いに、経済学と社会学の方法を比べながら、コメントを出し合っている。明日を考えるために、経済学・社会学の武器としての特徴が浮かび上がるだろう。

（牧原 出）

第1章

新しい経済圏の出現は可能か
——市場・利他・社会規範

安田洋祐

オウムでさえも博学な経済学者に仕立てることができる。彼が覚えなければならないのは「需要」と「供給」という2つの言葉だけである。

これは、20世紀を代表する米国の経済学者ポール・サミュエルソンが、1948年に出版した自身の教科書『経済学』の中に残した有名な台詞である。★1 全世界で400万部を超えるベストセラーとなった本書は、標準化ないし制度化された科学としての経済学を世界中に広める役割を果たした。この成功は同時に、当時の経済学のツールではうまく分析することができない領域から目をそらし、街灯の下で鍵を探すような科学的な研究へと経済学者たちを駆り立てることにもなった。少し厳しい見方かもしれないが、話は研究だけにとどまらない。科学としての経済学は、経済政策にも大きな影響を及ぼした。市場メカニズムを信奉し、経済に起こる様々な問題を「市場の失敗」という市場だけの問題に単純化・矮小化する、オウムのようなエコノミストを大量に生み出したのである。結果的に、市場経済とは異なる、あるいは市場を補完する経済圏の存在や社会の仕組みは街灯の外へと追いやられた。

「効率的な市場さえ整備すれば、見えざる手がほぼすべての経済問題を解決してくれる」。オウムたちが繰り返し広めた市場神話は、東西冷戦が終わり１９９０年代から世界が急速に市場経済化していく中で、少なくとも表面的には説得力を持ち続けた。しかし、２０２０年代を迎えた現在、この神話がもはや幻想に過ぎないことは誰の目にも明らかではないだろうか。２００８年のリーマンショックに端を開いた世界金融危機では市場メカニズムの脆弱性があらわになり、拡大する経済格差や深刻化する環境汚染などの人類の存続を脅かすような問題が、市場経済への過度な依存に警鐘を鳴らしている。直近では、新型コロナウイルスの感染爆発の中、家庭、地域コミュニティや医療資源といった

まさにそういった「市場の外部」に位置する少数事例や単一事例の観察、記述を引き受けてきたのが、「最後発」の社会科学の一分野としての社会学の役割でした。経済学が新領域を扱いはじめた昨今、実践知としての社会学はいったい何をすべきでしょうか？

（西田亮介）

市場の外、ないしは市場と隣接する経済圏の役割、そしてそれらの経済圏を支える「人々のつながり」の重要性が再発見されたことも記憶に新しい。幸いなことに、現代の経済学者は市場以外の制度や人々のつながりを分析できる新たな道具を手にしている。利他的・互恵的な動機を取り込める行動経済学や、他者との駆け引きを扱うゲーム理論などがその代表例である。本稿では、これらの道具を折に触れて使いながら、サミュエルソンのオウムでは語ることができない市場経済の外部の考察を通じて、現在の社会や経済を俯瞰してみたい。

現代の経済学は「財」の解釈を広げることで、経済学の枠組みの中で論じることができる現象を増やすことに成功したと考えています。財の守備範囲を広げすぎではないかという懐疑もありますが、経済学のツールに対する一定の信頼のおかげで、説得力をもたせることができるのは、固有の分析ツールをもたない社会学とは異なる点だと感じます。（西田亮介）

1 越境者から見た社会規範

市場経済の「外部」に広がる経済とは、具体的にはどのようなものを指しているのだろうか。いうまでもなく、金銭を通じて取引が行われる市場経済は、経済そのものではなくその一部に過ぎない。われわれの経済活動は、家庭や会社、地域コミュニティなど、市場経済とはまったく異なる「お金を使わない」経済圏でも日々行われているからだ。家事労働に対してその都度対価を支払う家庭や、事業担当者を社内の入札で決定する会社はめったに存在しないだろう。こうした市場経済の外部にある経済圏は、金銭的な損得に基づいた市場原理では動いていない。代わりに、利他性や互恵性といった、人々のつながりが生み出す動機や社会規範が原動力となっている。さらに、市場自体もこうした非金銭的な動機と無縁ではないという事実に、最近になって偶然気が付くことになった。その内容を紹介する前に少し回り道をして、発見のきっかけとなった筆者自身の生活の変化についてまず述べておこう。

実はいま、筆者はこの原稿をポルトガルのリスボンで書いている。勤務先の大阪大学から「サバティカル」と呼ばれる在外研究が認められ、2021年4月からリスボン大学経済経営学部に客員研究員として滞在しているのだ。[★2] 数カ月以上にわたる長期の海外生活はひさびさで、米国での大学院留学以来、実に14年ぶりとなる。新型コロナウイルス感染拡大の影響で国・地域を越える移動が制限される中、同時期に在外研究を開始できた研究者というのは世界的に見てもおそらく稀な存在だろう。自らの幸運な境遇に感謝するとともに、以下では越境者としての視点や気づきを盛り込みながら論じてみたいと思う。

ところで、みなさんは海外旅行の目的を尋ねられたら何と答えるだろうか。

旅先でしか味わうことのできない食事や気候、娯楽といった答えが思い浮かぶに違いない。では、長期間その土地に暮らすこと、つまり客としてではなく住人として海外生活を送ることの醍醐味とはいったい何だろう。経済学という社会科学の1分野の研究者にとって、それは「住み慣れた自国とは異なる慣習や規範に触れる」という体験ではないだろうか。ある社会にとって当たり前のルールや常識が、別の社会でもそうとは限らない。むしろ、まったく違うルールや常識に人々が当たり前のように従っている光景を外国では目にすることになる。そういった百聞は一見にしかずの経験は、今まで当たり前のように感じていたモノの見方を問い直し、社会の多様性や社会生活の複雑さを再発見するきっかけにもなる。

身近な一例として、チップを取り上げてみよう。ご存じのように、飲食店やタクシーなどでサービスを受けた後に代金の5~20パーセントほどを担当者に直接支払う仕組みで、多くの諸外国では社会的な慣習となっている。日本では馴染みがないので、海外にでかけたときにチップをいくら払えばよいのかが分からず、戸惑われた方も少なくないだろう。実は、筆者もリスボンにやってきて同じような問題に遭遇した。ポルトガルではチップはかなり形骸化していて、

制度や政策、ルールの運用実態や意図せざる運用のあり方を観察、記述するのは、社会学の得意分野です。日本の社会学ではあまり人気がない領域という認識ですが、海外では法学や政治学、経済学とのコラボレーションも盛んです。（西田亮介）

高級店以外ではそもそも払わない、あるいは金額の端数を切り上げて少し多めに払う程度で済ませるのが常識のようだ。ポルトガルだけでなく、欧州大陸諸国では近年チップの重要性が低下しつつある。他方で、大西洋をまたいだ対岸の米国では、チップの相場が徐々に高騰していて、最低でも15〜20パーセント、店舗によっては代金の25パーセントが期待される。こうした暗黙のルールを知らないと、多めに払いすぎて損してしまったり、金額が足りずに相手を傷つけてしまったりするからタチが悪い。場合によっては深刻なトラブルに発展しかねないので、チップといえどもちっとも気が抜けないのである。

2 現在ではなく未来から考える

さて、国ごとにルールや相場が異なるチップという慣習には、どのような経済合理性があるのだろうか。サービスを提供する従業員や店は、客から少しでも多くチップを受け取るためにサービスの質を高めようとするだろう。つまり、サービスの担い手である従業員の努力を引き出すための、インセンティブ装置としてチップは機能していると考えられる。とはいえ、あまりに少額であれば効果は期待できないかもしれない。2020年に出版されたAzarの展望論文「チップの経済学」によると、米国の飲食店で働く平均的な給仕は収入の約6割をチップで稼いでいるらしい。[★3] これだけ金額が大きいと、支払いに関して客が裁量を持っている数パーセントの違いですら、担当者の収入を大きく左右し得る。従業員の視点からは、チップという仕組みは経済合理的だと言えるだろう。

サービスの受け手である客の立場から考えるとどうだろうか。チップは接客サービスを受けた後に支払う、という点に注意してほしい。当然ではあるが、すでに受けたサービスの質は事後的に変えようがないため、チップの金額自体はサービスの質に影響を与えない。このとき、自分の受けるサービスや金銭の価値だけにしか関心のない利己的な客にとっては、（どんなサービスを受けたとしても）チップを一切支払わない、もしくはルール上定められている最少額しか払わない、というのが望ましい選択となるだろう。[★4] このように、客から見るとチップは経済合理的な仕組みになっていないことが分かる。さらに悪いことに、もしも自身の金銭的な損得しか考えない利己的な客ばかりだった場合、質の高いサービスを提供しても彼らはチップをケチるに違いない。その悲観的な予想を織り込むと、従業員も努力するインセンティブを失ってしまうのである。

この点をきちんと確認しておくために、ゲーム理論を使って分析してみよう。従業員が選択できる行動は、接客サービスを「まじめに行う」「手を抜く」の2通り、客の行動はチップを「多めに払う」「少なめに払う」の2通りだとする。[★5] 従業員が先に行動し、その選択を見た後に客が行動するという状況は、意思決定のタイミングの違いを考慮に入れた「2段階ゲーム」として表現することができる。行動する順番は従業員が先であるが、従業員にとって最適な行動は自分の後に行動する客の選択に依存する。そのため、2段階ゲームを解いてもっともらしい予測を導くためには、後に行動する客の最適な行動からまずは求める必要がある。ちなみに、時間の流れに逆行して未来から過去にさかのぼって問題を解く作法のことを「バックワード・インダクション」(後方帰納法)と呼ぶ。2段階ゲームをはじめとして、時間を通じた人々の駆け引きや意思決定を分析する際には、問題を後ろから解く、つまり現在ではなく未来から先に考えるのが鉄則だ。耳慣れない用語かもしれないが、時間を通じて順番に意思決定を行うような状況では、以下で詳しく紹介する「バックワード・インダクション」をぜひ活用してほしい。

さて、それではバックワード・インダクションにしたがって、後に行動する客の最適な行動をまずは検討してみよう。客が直面し得る状況は2通りある。先に動いた従業員がサービスを（1）「まじめに行う」場合と、（2）「手を抜く」場合の2通りだ。ここで、金銭的な損得にしか関心のない客は、どちらの状況においてもチップを「少なめに払う」方が、「多めに払う」よりも望ましい。そのため、従業員の選んだ行動によらず、どちらのシナリオが実現したとしても「少なめに払う」ことを選ぶだろう。こうして、後に動くプレーヤーである客の最適な戦略（起こり得るすべてのシナリオに応じて最適な行動を定める行動計画）が次のようになることが分かった。

> 客の最適な戦略（行動計画）
> （1）「まじめに行う」→「少なめに払う」
> （2）「手を抜く」→「少なめに払う」

次に、先に動くプレーヤーである従業員の最適な選択がどうなるかを考えてみよう。接客サービスを「まじめに行う」には、「手を抜く」よりも時間や集中力、努力などを必要とするため、従業員にとって追加的なコストがかかると考えられる。そのため、「まじめに行う」とチップが多めにもらえる一方で、「手を抜く」とちょっとしかもらえない、という展開が予想できる場合に限って、従業員は「まじめに行う」インセンティブを持つと考えられる。ここでのポイントは、従業員が実際に選ぶのは「まじめに行う」か「手を抜く」のどちらか一方なのだが、仮にもう片方の行動を選んでいた場合には何が起きるか、という未来に関する予想を定めることによって、はじめて最適な行動を見出すことができるという点である。この未来は後から動くプレーヤーの行動によって決まる。だからこそ、現在ではなく未来から先に問題を解く必要があったのである。そして、チップを巡る駆け引きを左右する未来とは、さきほど求めた【客の最適な戦略】に他ならない。結果的に、従業員が予想する未来では、自分がどちらの行動を選んでもチップを少ししかもらうことができないため、「手を抜く」のが最適な行動となる。以上から、2段階ゲームを使って分析すると、従業員が手を抜き客はチップを少なめに払う、という予測結果が導かれる。残念ながら、少なくとも理論上は、チップが従業員の努力を引き出すインセンティブ装置としては機能しないのである。

3 経済合理性だけでは成り立たない

ここまでの議論を整理しておこう。チップがインセンティブ装置として機能するためには、良いサービスを受けた客がきちんと多めにチップを渡す必要がある。しかしながら、上述の2段階ゲームの分析から明らかなように、客は良いサービスに対して多めにチップを支払うインセンティブを持たない。別の言い方をすると、金銭的なインセンティブを与えることで従業員の努力を引き出すチップは、その支払い額を決める客にとっては、実は経済的に非合理な仕組みになっている。そうであるにもかかわらず、多くの国でチップが社会的な慣習として定着し、機能しているのはなぜだろうか。

さきほど言及したAzar論文で紹介されている米国でのアンケート調査（複数回答可）によると、レストランでチップを払う理由として最も多かったのは「社会規範だから」（84・7％）で、第2位「感謝を示すため」（67・8％）、第3位

「従業員の生活のため」(66・9%)、第4位「罪悪感を覚えないため」(60・2%)、第5位「恥をかかないため」(44・8%)と続く。第4位の罪悪感と5位の恥の感情は、どちらもチップを払うという社会規範から逸脱することで生じると考えられるので、本質的な理由は第1位と同じだろう。「社会規範だから」というのは、平たくいうとまわりの人々が従うから自分もルールに従う、ということだ。2位はサービスに応えたいという互恵性、3位は従業員の身を案じる利他性に基づく動機である。経済合理性にかかわる、利己的な金銭動機がまったく挙がっていない点に注目してほしい。

チップは飲食業という市場経済を支える慣習であると同時に、接客サービスに対して客が値付けをして対価を支払う、という市場でもある。上の考察で明らかになったのは、チップ市場は、市場であるにもかかわらず経済合理性だけでは成り立たないという点だ。この市場がうまく機能するためには、利己的な金銭動機ではなく、社会規範や利他性にしたがって行動する、経済非合理な買い手たちの存在が欠かせない。[★6] 売り手の経済合理性と買い手の経済非合理性がお互いに支え合い、補い合うことでチップという慣習=市場が成り立っているのである。そして、チップが機能することによって、その上に飲食業というさ

マックス・ウェーバーの理解社会学のような考え方ですね。理解社会学とは、「他者の合理性」を理解するために、外形的に観察できる行為と外形的に観察できる動機を、客観的に結びつけるアプローチのことです。ここでは、合理性は需要と供給が1点でクロスして決まるものではなく、いろいろな合理性の形があって、それらを記述的に理解しようと試みていると感じました。(西田亮介)

らに大きな市場が成立している。異国の地で再会したチップという慣習は、市場という取引を可能にする場自体が非金銭的な動機と無縁ではないことを物語る興味深い事例でもあったのだ。

社会規範は市場経済だけでなく、市場経済とは異なる経済圏も支えている。身近な例では、「待ち合わせ時間に遅れない」「女性や子供を優先する」といったインフォーマルなルールが挙げられるだろう。日本において、前者の暗黙のルールは多くの人が当たり前のように従っている社会規範である一方、後者についいては、少なくとも前者ほど共有されてはいないように感じる。海外では、この順序が日本とは正反対の国もある。個人的な印象ではあるが、欧米の多くの国ではいわゆるレディ・ファーストが社会に広く浸透しているのに対して、約束時間に遅れるのは当たり前、という感覚の人も少なくない。社会が違えば、人々が当たり前のように従っている社会規範も異なる。時間を守る人が少ない社会では、会議や商談などに余計に時間がかかる、あるいは予定していたイベントを中止せざるを得ない、といった全員が避けたいような事態を招きやすくなるだろう。「待ち合わせ時間に遅れない」という社会規範は、見方によっては個人の行動や自由を制限する好ましくない制約に映るかもしれない。しかし、お互いが同時にその制約に縛られることで、結果として全員が望む結果が実現しやすくなり、より快適な暮らしを送ることができる可能性もあるのだ。[★7]

ところで、法律や公権力によって定められているフォーマルなルールだからといって、それが自動的に社会規範にもなるとは限らない。法律や条文などに書かれているルールであっても、規範として機能していないものは思い浮かぶだろう。例えば、「赤信号では歩道を横断してはいけない」「（感染症対策のため）適切なソーシャルディスタンスを取らなければならない」といったルールは多くの国でフォーマルに定められているが、実際には従っていない人も多そうだ。ちなみに筆者が滞在するポルトガルでは、日本と比べると信号を守らない通行人はとても多い一方で、2メートル程度のソーシャルディスタンスについてはほぼ全員がきちんと守っている。こちらに到着した当初、人々がぽつんぽつんとまばらに立っている奇妙な光景を色々な場所で見かけた。日本から来たばかりの筆者はそれが行列であることに気づかなかった、というオチなのだが、ところ変われば規範も変わるのである。

社会全体ではなく、特定の組織やグループ内のメンバーで共有されたルールも、その集団における規範として一人ひとりの行動に影響を及ぼす可能性があ

アンソニー・ギデンズというイギリスの社会学者の構造化理論という理論があります。「行為」の集積（繰り返し）が安定的な「構造」となり、「構造」が次の時点における「行為」選択の土台となるという社会観です。社会学は、もちろん量的な分析においては説明変数と従属変数を固定しますが、他の社会科学が忌避しがちな循環や動態、それらの帰結や「失敗」についての観察、記述に関心を寄せることがあります。（西田亮介）

る。社会規範と同じで、これらのルールは学校の校則や企業の社内規定のようなフォーマルなものもあれば、メンバー間で暗黙のうちに共有されているインフォーマルなルールも含まれる。では、こうした集団内での規範は、メンバーたちの満足度や厚生を高めるために貢献しているのだろうか。それとも、場合によってはメンバーたちが望まない結果を招いてしまうこともあるのだろうか。

フォーマルであれインフォーマルであれ、あるルールが規範として機能しているということは、各メンバーが自発的にそのルールに従っていることを意味する。特に、暗黙のルールの場合には、もしもそのルールに背いたとしても明示的な罰則が与えられるわけではない。そのような状況で、一人ひとりが自らの利害や損得に基づいてルールに従うか否かを自発的に決定し、結果として(ほぼ)全員がルールに従うことを選択するような場合には、背後でいったい何が起きているのだろうか。「各個人が自己利益を追求することで、結果として社会全体において効率的な資源配分が達成される」というアダム・スミスの「見えざる手」がこうした規範形成の場でも働くのだろうか。あるいは、集団全体として非効率な結果や、全員が不満を抱えるような事態に陥ることがあるのだろうか。結論から先にいうと、正しいのは後者で、見えざる手が働くとは限らない。仮に各個人が合理的に意思決定したとしても、全体として非合理な結果を招くことは十分あり得るのだ。むしろ、個人レベルの意思決定が合理的だからこそ、集団としてまずい状況に陥ってもそこから抜けだすことが難しいとも言える。この洞察は以降の議論でも鍵を握っているので、働き方を題材とした具体的な問題を扱いながら、ゲーム理論を使って分析することにしよう。

4 ブラックかホワイトか

いま、10人の社員が働いている会社内のある部署をイメージしてほしい。各社員は、自身の働き方に関する選択として、「定時退社する」か「残業する」かのどちらかを選ぶとする。この部署には残業が必要なほどのタスクは課されておらず、全員が定時で退社しても仕事を済ませることができる。また、残業代は出ない（サービス残業）と仮定しよう。経済学では、個人の満足度を「効用」と呼ばれる数値でしばしば表現する。効用は、自分の働き方だけで決まるとは限らず、他の社員がどういう働き方を選択しているかにも左右され得る。例えば、全員が定時退社を選んでいるホワイトな職場であれば個々の社員が得る効用は高いだろう。逆に、全員が残業を選ぶようなブラックな職場であれば効用は低くなるだろう。ここでは前者の効用を3、後者を0とおくことにする。つまり、すべての従業員にとって、ホワイトな職場の方がブラックな職場よりも望ましい、という状況をこの効用の数値例は物語っている。ここまでの議論から、全員にとって好ましいホワイトな結果が選ばれ、ブラックな結果は実現しないと早合点しないように気を付けてほしい。集団内におけるメンバー間の駆け引きや依存関係を分析する上で最も重要なのは、全員がある行動をとったときに何が起きるかではなく、自分一人だけが行動を変えたときに何が起こるかだからだ。

以下では、自分以外の9人全員が【1】定時退社を選んでいる場合と、【2】残業を選んでいる場合の2通りの状況について考察する。【1】において、もし自分も「定時退社」を選べば、10人全員が定時退社を選ぶホワイトな結果が実現するため、さきほどの想定から効用は3となる。自分だけが「残業」を選んだ場合の効用は3よりも小さい値、例えば1になるとしておこう。自分以外に誰も残業していないような状況で、一人だけ不必要な「ソロ残業」を行うことは明らかに損だからだ。次に、【2】で自分も「残業」を選んだ場合には、全員が残業を選ぶブラックな結果が実現するため、さきほどの想定から効用は0となる。逆に自分だけが「定時退社」を選んだ場合には、効用は0よりも小さいマイナスの値をとる可能性がある。なぜなら、同じ部署の全員が残業している中で一人だけ定時退社することで「悪目立ち」してしまい、同僚や上司から冷たく対応される、あるいは場合によっては人事や昇進に悪影響が及ぶかもしれないからだ。とりわけ、空気を読むことや上司の顔色をうかがうことに長けている日本のビジネスパーソンは、この点が気がかりに違いない。ここでは、こうした懸念が十分にある部署をイメージして、【2】で自分だけ「定時退社」を選んだ場合の効用は-5になるとしておこう。以上を表の形でまとめると次のようになる。

表の見方を確認しておこう。【1】は自分以外の9人全員が定時退社を選んでいる状況だ。ここで自分も定時退社を選ぶと効用は3になる一方、残業を選ぶと1に下がるため、個人としては定時退社を選ぶのが合理的である。自分以外の社員たちのおかれた境遇も対称的だとすると、自分一人だけホワイトな状況から行動を変えてソロ残業しようとする社員は誰もいないことが分かる。こ

自分の選択／シナリオ	【1】	【2】
定時退社	3（ホワイト）	−5（悪目立ち）
残業	1（ソロ残業）	0（ブラック）

社員（自分）の効用

のように、誰一人として「自分だけが行動を変えても得できない」状況のことを、ナッシュ均衡と呼ぶ。[★8] われわれのゲームにおいては、全員が定時退社を選ぶホワイトな結果がナッシュ均衡になっているのである。これを「ホワイト均衡」と呼ぶことにしよう。ホワイト均衡においては、原則的に「定時退社せよ」あるいは「サービス残業は避けよ」という社内規範が成立している、と解釈することもできるだろう。この規範に従うことで、ホワイト均衡という全員にとって望ましい働き方が実現しているのだ。

困ったことに、このゲームにおいてナッシュ均衡は一つだけではない。【2】の自分以外の9人が今度は残業を選んでいる状況に目を向けてみよう。もし自分も残業を選べばブラックな結果が実現して、効用は0という低い値になる。他方で、自分だけ定時退社を選んだ場合には、さらに低い-5へと効用が下がるため、個人としては残業を選ぶのが合理的になる。自分一人だけ悪目立ちするのを避けようとする結果、全員が残業を選ぶブラックな結果もナッシュ均衡になってしまうのである。こちらは「ブラック均衡」と呼ぶことにしよう。ブラック均衡においては、原則的に「サービス残業せよ」あるいは「定時退社はご法度」という社内規範が成立している、と解釈することができる。この規範が恐ろしいのは、社員全員が望まない働き方であるブラック均衡を実現する悪しき規範であるにもかかわらず、各人がそのルールに自発的に従ってしまう点だ。なぜなら、自分一人だけルールに背いて悪目立ちしてしまうと、ブラック均衡よりもさらに酷い事態を招いてしまうからである。

こうした悪しき同調行動を促すような規範は、働き方に関する他の問題、例えば有給休暇や育児休業の取得や、在宅勤務、フレックスタイム制の導入といった、より柔軟でホワイトな働き方の進展も阻害している可能性がある。たとえ組織全体としては非合理な規範だったとしても、何かをきっかけに一度ブラック均衡として定着してしまうと、その規範から逸脱することは個人にとって大きなリスクとなり得るからだ。こうして、利己的な個人が悪しき規範に従い続ける結果、皮肉にも組織全体を蝕むブラックな体質から抜け出せなくなる、というわけだ。「見えざる手」は、残念ながらこうした悪しき規範に対しては手が出ない。必要とされるのは、ブラック均衡からホワイト均衡への移行を促すような大胆な組織改革、あるいは悪しき規範を一掃するような上司・経営者による強力なコミットメントといった「見える手」だろう。日本において「働き方」改革がなかなか進まなかったのは、ブラックな働き方を選んだ個人が非

安田さんのこの分析について、おそらく多くの社会学者は同意するのではないかという気がします。

合理なのではなく、むしろ合理的だったからではないだろうか。そして、効率的な市場という「見えざる手」の活用が遅れたせいではなく、個人の便益を組織全体の利益につなげるために必要な「見える手」を、多くの組織が行使しなかったから、あるいは必要性に気づきながらも先延ばししてきたからではないだろうか。少なくとも、その可能性をここまでのゲーム理論分析は示唆している。

> むしろ「この点に驚くのか」という点に新鮮さを感じるといえばいいのでしょうか。またいつか、ここを出発点に議論を深めることができれば面白そうです。（西田亮介）

5 コロナと脱・経路依存

「ブラック均衡」などという造語を使ったせいか、話のトーンまでやや暗くなってしまった。しかしこの状態は、ひとたびホワイト均衡へと移行することができれば、メンバー全員にとって大きなプラスが期待できる「のびしろ」と解釈することもできる。仮に多くの日本の組織がブラックな状態に陥っているのだとすると、見方によっては、のびしろの塊とも言えるだろう。もちろん、話はそんなに単純ではない。一般に、ナッシュ均衡が複数あるような状況で、ある均衡状態から別の均衡状態へと移行するのは簡単ではない。上で細かく分析したように、自分だけ行動を変えて不利益を被りたくない、という各個人の利己心が、その均衡から一人ひとりを逃さないからだ。これは、将来どのナッシュ均衡が実現するか、あるいは今なぜそのナッシュ均衡が実現しているかを、理論だけで説明するのは難しいことを示唆している。言い換えると、ある特定のナッシュ均衡がどういった経緯で実現するかは、歴史的な経緯や偶然によって左右されるのである。この性質は「経路依存性」と呼ばれている。

ブラック均衡から抜け出すためには、今までその均衡にとどまっていたという歴史的経路から脱出しなければいけない。過去の経路についてはもはや変えようがないため、変えることができるとすれば、それは未来に対する人々の予想や期待である。自分一人だけ悪目立ちしたくない、という個々人の懸念を払しょくするためには、一人ではなくまわりの大勢の行動が一斉に変わる、という期待が共有されなければならない。期待を変えない限り、経路依存の罠からは脱出できないのである。逆に、期待が大きく変わるようなきっかけがあれば人々の行動も変わり、そのとき歴史が動くのである。実は、今まさに歴史は動いている。そう、コロナ・ショックが人々の期待を大きく変えているからだ。

抽象的な話が続いたので、話を少し日常に戻したい。筆者は現在、リスボンに住みながらも、平均すると2日に1回くらいは日本との会議や打ち合せなどをオンラインで行っている。また、週に1〜2回は欧州あるいは北米で開催されるヴァーチャル研究会にリモート参加もしている。これらの新しい働き方は、新型コロナウイルスの感染爆発が起こる前には考えられなかったことだ。しかし、なぜコロナ・ショックが起こる前には、リモートワークは浸透しなかったのだろうか。こうした働き方を実現するための技術革新が起きていなかった、という理由はおそらく的を外しているだろう。なぜなら、ウェブ会議などで使われている代表的なサービスであるスカイプは２００３年、後発のズームですら２０１２年にはサービスを開始しているからだ。コロナと関係なく、その気になれば以前からリモートワークを実践することはできたはずだし、そうすることで効率性や生産性が高くなる業種や企業もたくさんあったに違いない。では、なぜ多くの人々や組織はその気にならなかったのだろうか？

答えは、さきほどの経路依存の話に隠れている。コロナ・ショックが起こる前は、人々の期待を大きく変えるようなきっかけがなかったからである。友人や職場の同僚、取引相手といった他者との協業が欠かせない状況をイメージしてほしい。その場合にリモートワークを効率的に行うためには、自分一人だけでなく、まわりの人や組織がリモートワークに対応している必要がある。自分だけ、自社だけリモートワークを進めても、十分な成果を挙げることはできず、そうであるならば対面中心の今までの働き方を継続する方が理にかなっているだろう。これが「リモートワークはまだ早い」「会議は対面が一番」といった規範や、「導入コストがかかる」「人事評価が難しい」などのできない理由を生み、経路依存の罠に社会を押しとどめていたのである。ところが、感染症対策のため対面での業務が禁止されたり、政府がリモートワークを推奨したりしたことで、人々の働き方に対する期待は大きく変化した。もはや組織は見える手の行使をためらう必要がない、というか行使せざるを得ないような状況に多くの組織が追い込まれたのである。

一見すると、コロナ・ショックにともなう行動制限は社会や経済の活動を縛り、効率性を下げる制約に過ぎないように映る。しかし、実はこれらの制約が、人々の期待を大きく変え、非効率な経路依存から抜け出すきっかけとなる可能性があるのだ。特に、変わることが極端に苦手な日本の組織にとって、様々な試行錯誤や期待の変化を生み出すコロナ禍はチャンスだろう。特に、今まで遅々として進まなかったデジタル・トランスフォーメーションを加速させる絶好の機会になるかもしれない。実際に、スイスのビジネススクールであるＩＭＤ（International Institute for Management Development）が毎年発表している「デジタル競争力ランキング」の最新データによると、「企業の変化迅速性」の項目で日本は調査対象国63カ国中の最下位となっている。★9 変われない日本、変われなかった日本に、コロナ禍でトランスフォームするための、大きなのびしろがあることをぜひ期待したい。

6 チーム・組織・経済圏を機能させる「SDG仮説」

冒頭で述べたように、コロナ・ショックは市場とは異なる経済圏の役割やそれを支える「人々のつながり」の重要性を再確認させるきっかけとなった。ところで、なぜそもそも非市場経済圏が重要なのか。言い換えると、市場だけではダメなのだろうか。改めて考察するまでもないかもしれないが、この点について、市場の特性を紐解きながら振り返ってみたい。市場とは、買い手のお金

コロナ禍を経て、それでもテレワークの普及程度も世界的に後れをとり、コロナ収束よりも早く（!）、実施企業も規模を縮小し、通常業務に戻っているメカニズムを経済学ではどのように理解しているのか気になります。（西田亮介）

（貨幣）と売り手の財・サービスを交換する場である。貨幣がきちんと流通している限り、原則として誰でも貨幣とモノを交換できる、というのが最大の特徴だろう。貨幣を媒介とする市場経済の仕組みは、他者とのつながりを必要としない、ある意味で非常に包摂的な経済制度とも言える。21世紀の世界的ベストセラー『サピエンス全史』の中で、著者ユヴァル・ハラリは貨幣の「心の広さ」を次のように表現している。★10

貨幣は人間が生み出した信頼制度のうち、ほぼどんな文化の溝をも埋め、宗教や性別、人種、年齢、性的指向に基づいて差別することのない唯一のものだ。貨幣のおかげで、見ず知らずで信頼し合っていない人どうしでも、効果的に協力できる。

もちろん、心の広い市場経済にも落とし穴はある。「お金さえあればモノが買える」という利点は、裏を返せば「お金がなければ何も買えない」「売っていないモノは買えない」といった欠点を意味するからだ。パンデミックや恐慌が起こると経済活動が停滞するため、多くの人々の収入が滞り、彼らはモノが買えなくなる。また、マスクや医療器具など特定のモノに対する需要が急増すると生産が追いつかず、お金があったとしても一時的に買えない状況に陥る。これが、コロナ禍において市場経済の限界が様々な形で浮き彫りになった背景である。この市場の穴を埋めるために、人々のつながりが重要となってくる、というわけだ。ところが、この人々のつながりにも、コロナ禍は深刻な影響を及ぼした。感染症対策のための行動制限やソーシャルディスタンスが、すでに存在していたつながりを弱め、新たにつながるきっかけを減らしたからだ。コロナ・ショックは、市場経済だけでなく、市場以外の経済圏も縮小させる、社会・経済にとって破壊的な災厄なのである。

こうしたコロナ禍の体験を通じて筆者自身が強く実感したのは、他者とつながるためには、お互いの親密さを把握できるような「距離」（Distance）ないしは距離感といった、主観的なものさしが欠かせない、という点である。特に、利他性や互恵性に基づいた協力行動は、親密な仲間同士でないと生まれにくいだろう。こうした仲間意識を生み出すために、お互いの距離感をつかむための基準や機会が必要なのではないか、というのがここでの発想である。具体的には、共通の目標や体験、趣味や嗜好の類似性などが、距離の基準として役立つので

「距離」（Distance）に近い意味として、社会学には「認識」（主観的世界）という言葉があります。社会学では、多くの分野で軽視されがちな認識に焦点を当てます。つまり、実態と認識は乖離するものであり、多くの場合、実態の方が正しいと考えられています。しかし、社会学では、人々の認識というのはなぜそのよう

はないだろうか。組織やチームの中でも、何らかの意味で近さを感じることができるメンバー同士は仲間になりやすい。職場での飲み会や社内クラブなどは、経済非合理性や無駄の象徴として昨今では悪者にされがちだが、そもそもの狙いが経済合理性の追求とは限らない。仲間意識を醸成するためにメンバー間で距離感を探り合う場だと考えると、こうした批判は的外れであることが分かる。★11コロナ禍で新たな日常となったソーシャルディスタンスやリモートワークは、人々からこうした場を奪った。移動が制限され、今まで無意識のうちに活用していた多数の場がなくなったことで、社会から距離感が消失してしまったのだ。

市場経済の外側にあるような組織や経済圏、もう少しカジュアルにいうと、チームがうまく機能するためには、主観的なものさしである距離（Distance）だけでは足りないのだろう。家族や大親友でもない限り、どれだけ距離が近くてもしょせんは他人である。チームのため、他のメンバーのためにどれだけ貢献したか、というパフォーマンスをお互いにある程度は把握しておかないと、不満をためるメンバーが出てきたり、周りの努力にただ乗りするモラルハザードが起きたりするに違いない。ゲーム理論では、互いに内容を知り尽くしているような情報を共有知識という。各人の貢献が一部のメンバーにしか伝わらない状

な括弧付きの誤解を生み出すのか、といった問題も研究対象としています。（西田亮介）

況では、なかなかやる気が出ないだろう。それぞれの貢献度をできるだけ見える化し、共有知識に近づけることで、メンバー間の競争や、メンバー同士のさらなる協力を引き出す効果が期待できる。そのためには、貢献度の大きさを客観的に評価するはかり・尺度（Scale）も欠かせない。

まとめると、チーム、組織、経済圏をうまく機能させるためには、個々のメンバーの貢献を見える化する客観的な尺度（Scale）と、仲間意識を生み出すための主観的な距離（Distance）という、タイプの異なる2種類の物差しSとDの使い方が鍵を握る。結果として、両者のバランスが良いほど、人々をひきつける引力（Gravity）を持つのではないだろうか。流行りのSDGs（持続可能な開発目標）に乗っかるようで恐縮だが、SとDの組み合わせがGを生むことから、この考え方を「SDG仮説」と呼ぶことにする。家族（血縁）や地域共同体（地縁）のように、逃げたくても逃げられないほど強力な引力を持っているような経済圏の場合には、SとDのバランスはさほど問題にならないかもしれない。しかし、インターネット上でのつながりを軸としたコミュニティでは、来るものは拒まず去る者は追わず、というオープンな関係を築かざるを得ないだろう。21世紀型のコミュニティでは、参加者たちを自発的にとどめさせる引力（G）の存在は欠かせない。

SDG仮説を使って、既存の経済圏や組織の問題にも触れておきたい。旧共産圏で計画経済が失敗した理由は、適切なSがなく生産者にインセンティブを与えられなかったせいだ。日本企業から長時間労働がなくならないのも、労働時間という不適切なSでいまだに人事評価を行っているからだろう。国家や組織全体が成長している時代には、個人の貢献が見えなくても、共通の目標や成功体験の共有などを通じてDが強化される。しかし、ひとたび凋落してDの力が弱まると、Sを持たないチームはバラバラになりやすい。逆に考えると、適切な尺度でパフォーマンスを見える化するだけで、人々のやる気を引き出せる可能性がある。例えば、社員がお互いに何を行っているかを把握できていないような職場の場合、まずは情報の共有知識化を目指してみてはどうだろうか。能力給やジョブ型雇用へ一足飛びに移行しなくても、自分の貢献が客観的に伝わるだけで従業員のモチベーションは大きく変わるに違いない。

最後に、SDG仮説は単なる言葉遊びではなく、本家SDGsの達成にも役に立つことも指摘しておきたい。市場経済はお金という強力すぎる尺度が支配するSの世界であるのに対して、家族や地域共同体は血縁や地縁でがちがちにつながったDの世界だ。前者は格差を生み、後者はしばしば自由を奪う。資本主義の限界や伝統的なコミュニティの危機が叫ばれる中、2030年代を見据えて真の持続可能な社会を実現するために、SとDのバランスのとれた新たな経済圏の出現に期待したい。

注

★1　Samuelson, Paul Anthony (1948). *Economics, an Introductory Analysis*. McGraw-Hill.

★2　「サバティカル」は旧約聖書の安息日（ラテン語の「sabbaticus」）に由来するらしい。国内外を問わず多くの大学では、主に長期勤続者に対して職務を離れた研究休暇・在外研究を与えるサバティカル制度を取り入れている。近年では、欧州などを中心に同様の制度を導入する民間企業も増えているようである。

★3　Azar, O. H. (2020). "The Economics of Tipping." *Journal of Economic Perspectives*, 34 (2), 215-236. 著者のAzarは、こうした調査で人々はチップの金額を過少申告する傾向があるため、収入に占めるチップの割合は実際にはさらに高いだろう、とも指摘している。

★4　同じ店を繰り返し利用する場合には、将来に同じ担当者からサービスを受ける可能性を考えて、客が利己的な動機からチップを多めに払う可能性がある。しかし、後述するようにAzar（2020）によると、そうした動機はアンケート調査の結果においては目立たない。また、旅先で入った店など、将来の来店可能性がほとんどないような状況ではこうした利己的な動機はそもそも生じ得ないため、以下の議論では捨象することにする。

★5　現実には、手の抜き方やチップの金額に関する選択肢は2通りではなく、もっとたくさんあると考える方が自然だろう。しかし、仮に選択肢を増やして分析したとしても、結局は「できるだけ手を抜く」「できるだけ少額を払う」という結果が理論上の予測となる。これは、以下で明らかになるように、選択肢が2つの場合と本質的には同じである。そのため、選択肢が2つしかないという仮定は、議論の本質には影響を与えないと考えられる。

★6　これとよく似た、経済非合理性が協力行動を支えている事例として、次の公共財ゲームに関する経済実験を紹介したい：Fehr, E., and S. Gächter (2000). "Cooperation and Punishment in Public Goods Experiments." *American Economic Review*, 90 (4), 980-994。この研究では、被験者を集めて公共財のただ乗り問題が生じるような仮想的なゲームをプレイさせた。そこで、ゲーム終了後に、非協力的だった参加者に対して、自身の取り分を犠牲にして「制裁」(その参加者の取り分を減らせる)できるオプションを加えた場合に、実際に制裁を行う参加者が現れること、制裁が脅しとなり協力行動がより促されること、が明らかになった。「制裁」という経済非合理な行動を人々が選ぶことによって、ただ乗り問題という(経済合理性では解決できない)社会全体の問題が克服される可能性を、この実験結果は示唆している。

★7　ただし、日本における「時間を守る」という社会規範は、あくまでそのイベントが始まる開始時間についてしか成立していないようにも感じる。予定時間をオーバーして、だらだらと延びる会議や講演会、飲み会などの事例に遭遇することは珍しくない。これだけ開始時間について厳格な社会が、なぜ終了時間についてはかくもいい加減なのだろうか。筆者が常々感じている疑問である。

★8　ナッシュ均衡はゲーム理論における最も重要な概念で、社会で観察される安定的な状況の説明や、これから起こる結果の予測などに幅広く活用されている。詳しくは『ゲーム理論入門の入門』（鎌田雄一郎、岩波新書、2019年）など、ゲーム理論の入門書や解説書を参照してほしい。

★9　ここでの最新データは2020年のものである。詳しくはIMDのウェブサイトを参照してほしい（https://www.imd.org/wcc/world-competitiveness-center-rankings/world-digital-competitiveness-rankings-2020/）。

★10　Harari, Yuval Noah (2014). *Sapiens: A Brief History of Humankind.* Random House.（ユヴァル・ノア・ハラリ『サピエンス全史――文明の構造と人類の幸福［上・下］』柴田裕之訳、河出書房新社、2017年）。

★11　ただし、時代や環境が変われば有効な距離の掴み方も変わってくるだろうし、同じイベントが常に仲間意識を生むとも限らない点に注意が必要だ。ディスタンスの視点からも効果が期待できないようなイベント、例えば上司の愚痴をひたすら部下が聞くだけの飲み会などは、百害あって一利なしである。

第2章

2030年のメディアの公共性
――多様性から共通性へ

西田亮介

1 現状維持バイアスの中の将来像

一般には情報環境が変われば社会は変わる……と相当程度認識されているのではないか。インターネットの登場、スマートフォンの台頭、ラジオ、新聞、テレビの存在感低下が人と社会を大きく変えているといった考え方のことだが、良くも悪くも「新しい技術やサービスが社会を変える」という言説は分かりやすく好まれがちでもある。オピニオンリーダーもそういうことを口にするし、だからこそ「オピニオンリーダー」と目される。

それに対して、メディア研究者たちはもう少し慎重な検討を行ってきた。大別すると冒頭に例示したようなメディアが変わると社会が変わると捉える立場を「変化仮説」と呼ぶ。同様に大雑把にまとめると、新しいメディアもいずれ既存の権力関係や資本の関係に組み込まれてしまいもっぱらそれらの固定化や強化に寄与するという「通常化仮説」という学説がある。もちろん期限の区切り方や対象選択の仕方によって、変化仮説、通常化仮説ともに時代に応じてトレンドや優勢なあり方は変わりつつ、どちらもそれなりに成り立ってしまうあたりが自然科学と異なる文系の学説の面白いところかもしれない。

本稿では２０３０年の情報環境についてのラフスケッチを行う。どうせ正確に当たるはずもないのだから、本来であればこの手の将来の技術やサービスの予測は抽象的に行うに限る。抽象的な未来予測はＳＦも含めて、あまり根拠はないが素朴な面白さや「〜革命」といった力強さもあって、時に政策や産業の推進力として便利に用いられながら、国内外でメディア技術やサービスの発展や普及を後押ししてきた。有名な未来学者アルビン・トフラーの『第三の波』が農業革命、産業革命に続く、第３の波として情報革命を捉えたのは１９８０

経済の文脈で、最も変化仮説と通常化仮説が当てはまるのは、経済成長に関してだと思います。産業革命の前後で、ある種の通常化仮説、成長率がほぼ0%の循環型経済だったものから、経済成長が当たり前の変化仮説の状態に変化しました。かつては、一時の落ち込みはあっても、長期では成長の状態に戻るという変化仮説が圧倒的に優勢でした。最近は、停滞が長期に渡って続いているため、成長は持続可能ではないという通常化仮説の見方をする専門家が増えている印象を受けます。（安田洋祐）

年のことであった。SNSやスマートフォンどころか、インターネットや携帯電話網さえ萌芽的技術だった時代の話であり、もちろん厳密に情報とは何か、とか、革命とは何かという話はなされず、人々に漠然と次の時代を想起させるシグナルとしての役割を果たしながら、日本を含む世界中でベストセラーとなったのである。

トフラーだけではない。当時、知識産業論や情報社会論、未来社会論と呼ばれるトレンドの中で、一つ、ないし少数の先端事例から想像力を広げ、抽象的な未来予測を行い、現行の技術とサービス、社会、そしてそれらの常識を否定する言説が多数登場したし、インターネットや携帯電話(のちにスマートフォン)、ブログ、SNSが登場した後も繰り返されている。例えば、少し時代が下ってハワード・ラインゴールドの『スマートモブズ』がある。原著は2002年刊行だが、インターネット接続する携帯電話を手にした人々が創発的に社会を変えるという事例を紹介しながら携帯電話が変えるという社会像を提示した。同書によればラインゴールドは2000年に日本を訪れ渋谷のスクランブル交差点を携帯電話片手に行き交う人々を見ながら着想を得たという。

当時、日本は携帯電話先進国だった。1999年にサービスを開始したNT

Tドコモのｉモードは手軽に、また回線容量や通信速度に制約がある中で閲覧できる独自サイトの多様性と、当時「勝手サイト」と呼ばれたユーザーが最適化したページを制作しやすい仕様としたこともあって、それまでの業務用途のみならず一般生活者の間でもインターネット接続する端末が爆発的に普及することになった。他社も同種の機能をもった端末、サービスの開発を行い、日本は名実ともに「ケータイ大国」であった。ラインゴールドは日本社会に刺激を受け、英語圏に近未来像を提示したが、筆者の認識では日本においてその仕事は一定の評価を受けることになった。

　未来社会の描写は大別すれば、トフラーのような抽象度を上げた形でなされるか、ラインゴールドのような先行事例を過度に一般化することでなされてきた。こうした変化仮説を踏襲する言説は現在に至るまで「SNSが社会を変える」「AIが世界を変える（シンギュラリティ）」等々、踏襲され続けてきた。他にも梅棹忠夫《うめさおただお》や公文俊平《くもんしゅんぺい》、香山健一《こうやまけんいち》のような特定の政権や政策、イベント誘致といった利益関係と密になったプロデュース型未来予想もあるが、さしあたりここでは言及しない。

　本稿ではこうしたアプローチではなく、情報とメディア、公共性の問題について、現在のいくつかのトレンドを踏襲すればどのようなことが考えうるのか、という観点から思考を巡らせてみたい。筆者はこれまで政治とメディアの関係に関する研究を行ってきたが、並行して、テレビ、ラジオ、ネットメディア、PR業界において出演、紙面批評、業界団体による番組等表彰選考、個社の品質管理マネジメント、業界団体における品質向上の自主的取り組み検討等に携わってきた。主に後段の経験からいえるのは、特に現在ではマスとはいえなくなりつつも、社会的に大きな存在感を示すマスメディア、すなわち放送事業者と新聞業界には強力な現状維持バイアスが存在しているということだ。前者においては放送法を中心とする複雑な規制と事業者の複雑な利益関係が、後者においては（新聞）紙を読むという行為自体が衰退傾向にありながら、長く続いた業界習慣と紙からネットへの事業モデルの移行が印刷や販売店網という近い利益関係主体にとって、ゼロサムの関係となることへの懸念が強い現状維持のモメントをもたらしているように思われる。

　彼らは業界として可能な限り変化したくないか、そのままで居続けようとしている。ということは、日本のメディア環境の将来像を想像しようとするとき、しばしば行われている「5年後のメディアの未来予想図」なるものは従来の未

「変化仮説」ではなく「通常化仮説」で考えるということですね。社会学では問題を分析する際に、こうした補助的概念が用いられているので理解しやすいです。経済学者は専門用語や数式で語りすぎていて、もっと一般の人向けに、分かりやすい切り口で考えることも必要だと感じています。（安田洋祐）

来予想や未来社会論を踏襲しながら、先端事例から全体を敷衍しようとするか、やたらと大きな物語を提示しがちだが、むしろそれらは間違えやすいのではないか。

そこで本稿では技術やサービスが数多登場する中で、なるべく現状を維持し続けようとするモメントが働くと仮定し、どのような近い将来の予想ができるか、という本書のテーマのもとで、想像と思考を巡らせるという逆の仕方を採用してみたい。並行して、メディア環境、すなわちメディアを取り巻く送り手、媒介者、受け手、さらにそれらの影響力と信頼関係等の諸条件の変容の概観を通じて、希少性の所在が「人々を多様（自由）にすること（多様性増進）」から「人々をつなぎ合わせるもの（共通性増進）」へと移行しつつあることに注目し、それらこそ分断され、個別化が加速する将来のメディア環境における公共性なのではないかということを述べてみたい。

2 メディアの現実——規模と影響力、安定・継続性、信頼性

社会学者の中には、具体的な個人のケーススタディから分析する方もいれば、西田さんのように理論的に社会の構造を分析する方もいらっしゃると理解しています。後者の場合は、個人ではあっても、「メディア」や「受け手」のように一般性を高めたアクターに注目する点が、経済学的アプローチに似たものを感じます。

（安田洋祐）

2020年代に入って、メディア環境は、それらの普及の程度と利用傾向、広告収入、他のメディア（従来のマスメディア）の普及低下を踏まえて、いよいよ他国同様インターネットとSNSを中心としたものになりつつある。以下において、新聞、テレビ、ネットと大括りにした上で、それぞれの影響力と広告収入、そして人々の利用と認識の現状に目を向けてみたい。

詳しくはいくつかの資料に触れながら後述するが、いまだにマスメディアの権威性と信頼性、そしてそれらを支える実態が新聞、テレビに偏って現存し、ネットメディアにおいてはそのような取り組みがあまり成功せずにいる。世界的に見ればもともと新聞の個別配達制度はそれほど一般的なものでもなく、1000万部程度と世界有数の発行部数の全国紙と、発行部数10万部〜100万部程度のブロック紙、さらには戦時中に一県一紙への誘導等の影響で各地に存在する発行部数10万部程度の地方紙がこれだけ事業を継続している／できている状況は当たり前のことではない。

新聞社は、情報を精査する記者（含む、継続的人材育成機能）とその活動拠点となる支局（網）、さらにデスクや整理部門等コストをかけて精査した情報を編集して読み手に届ける情報流通網を併せ持っている。さらに間違いがあれば訂正をしたり、2000年代に入ってからは紙面の公共性を社外の有識者等とともに議論する場と仕組み（開かれた紙面委員会やパブリック・エディター制度）の導入が広まった。かくして日本においては150年の歴史の中で培われた経験を活かして、日々の高い品質のストレートニュースの提供と、政治、行政、経済の諸領域における権力監視の主たる担い手を自他共に自負してきたと考えられる。

だが、このような新聞社像は決して当たり前の存在ではない。世界の新聞社は早くも1970年頃から幾度も経営危機に直面してきた。アメリカに目を向けてみれば、そのたび毎にリストラを繰り返してきたのである。ここでいうリストラとは日本でいうところの人員削減もさることながら、かつて「ニュー・メディア」と呼ばれたケーブルテレビやキャプテン・システムなど次々に台頭する新しいメディア環境へと適合しようという試行錯誤のことだ。結果として、インターネットやSNSの登場以前から、筋肉質な体質へと変貌を遂げざるをえない環境が生まれた。そしてそれはネット化の中で加速するか、耐えられない社は姿を消す淘汰圧となった。

個別宅配ではなく、街頭での販売が重要視される環境もあって、紙にこだわる必要もなかったし、そもそも発行部数も日本の全国紙と比べれば有名紙においても相当程度小規模であったことから、ビジネスがペイするのであれば新しい媒体での収益化にも抵抗が少なかった。ネットからも影響力のある媒体がいくつも登場したし、新聞社もそうした媒体を手掛けることになった。

それだけではない。米国の場合、多くの新しい個人、企業発のクロスメディアが新しいジャーナリズムの担い手と認知されている。例えば、２００８年にデータ・アナリストのネイト・シルバーが創設したデータ分析ブログ「FiveThirtyEight」はドナルド・トランプvs.ヒラリー・クリントンの局面でトランプの当選こそ外したが、この間の選挙予測が高く評価され、ＥＳＰＮに買収されたのち、ＡＢＣニュース傘下でブログメディアとして現在に至る。非営利でオンラインの調査報道を手掛けるプロパブリカが２０１０年から２０１２年まで連続して権威あるジャーナリズムに関するピューリッツァー賞の各部門で表彰されている。媒体としてのみならず、社会的な権威としてオンライン中心の新しいジャーナリズムの担い手が台頭し、機能するようになっている。

日本でもこうした華やかな面ばかりが注目されているが、もともと少部数主義で地域密着型、つまり日本でいえば地方紙が主力だったアメリカではそもそも新聞社の淘汰が進んでいる。アメリカのピュー・リサーチ・センターの調べ

財政的に厳しい米国の新聞社がネットを含む新しい媒体への挑戦に積極的だったのに対して、遥かに恵まれていた日本の新聞社が新技術への投資に消極的で、紙への依存からなかなか脱却できない。これは、いかにも日米における企業のマネジメントの違いを象徴するような事例に見えますが、実はこうした現象は国を問わずしばしば観察されることが知られています。成功した巨大企業が新世代の技術に乗り遅れて敗れ去る現象は、ハーバード大学の経営学者である故クレイトン・クリステンセン教授の研究を機に広く知られるようになり、「イノベー

では、2008年には11・4万人だった「ニュースルーム」関係の雇用者は、2020年には8・5万人と26パーセント程度減少している。[★1]ここでいう「ニュースルーム」とは、「新聞、ラジオ、広域テレビ、ケーブルテレビ」のことを指しているので、日本でいうところのメディア業界からインターネットと出版を除いたものと考えればよいだろう。なかでも、紙の新聞社の雇用の減り方は著しく、7・1万人から3・1万人にまで著しく減少していることを指摘する。アメリカにおける新聞の発行部数のピークは1990年前後で6000万部を上回ったが、それ以後なだらかに減少し、2010年頃には4500万部程度だった発行部数が急落し、2020年には2500万部を割るまでになった。[★2]またアメリカでは全3143郡のうち新聞社がないか、週刊紙が1紙しかない地域が1753郡となり半数を超え、こうした地域を「ニュース砂漠」と呼び、低投票率や教育水準の低下などが懸念されている。[★3]歴史的に見て新聞社は、高品質のストレートニュースの配信、権力監視、ジャーナリズム人材育成と拠点の整備を一定に引き受けてきたが、早くから改革とリストラが進んだ米国においてさえ新聞社が苦境に立たされ、良質な報道とジャーナリズムを一手に引き受けることが相当程度困難になりつつあると考えられる。

ターのジレンマ」と呼ばれています。紙媒体で大成功を収めた日本の新聞社は、まさにこのイノベーターのジレンマに陥っているのかもしれません。西田さんの分析が、その背景をうまく説明しているように感じました。
（安田洋祐）

もちろん日本と米国の事情は必ずしも同一ではないし、雇用習慣も異なる。新聞社が突如大規模なリストラなどを行うとは思えないが、すでに新聞を含むマスメディア離れは日本においても顕著に進んでいる。書籍を例にとると分かりやすい。古い媒体が長く使われ続けるという事例はメディアの中に多々認められる一方で、一度衰退した旧媒体が趨勢を取り戻した例はきわめて乏しい(しばしばラジオとネットの融合とその可能性が指摘されるが、日本のラジオ局の売上げは基本的に減少し続けている)。

日本のメディア環境はどうか。日本でもアメリカほどではないが、「新聞の危機」は確実に進んでいる。日本新聞協会の調べによれば、2000年には7200万部近い発行部数があったが、2010年には6300万部となり、2021年はとうとう4000万部を下回った。[★4] 人口1000人あたり部数も600部近かったが、現在では300部に迫り、日刊紙数は微減トレンドで113社となっている。また日本新聞協会加盟の新聞・通信社の従業員数も2001年には約5・8万人、2010年には約4・7万人、2021年は約3・7万人にまで減少している。[★5] 前述のように新聞社数の減少はそれほど顕著ではないが、この間、新聞社の従業員数は3割以上減少していることになる。後述する広告収入も減少傾向にあるから、記者数や支局数も同様に縮小傾向にあるものと推論される。しかし日本でも報道とジャーナリズムの主役は自他共に新聞社であり、それを代替する担い手は明確にならないままである。アメリカの「ニュース砂漠」問題は決して他人事ではない。

テレビはどうか。日本の放送事業者は放送法で規定され、許認可事業であることから、事業の自由度という点では新聞社に劣る。放送事業者数は近年、地上波、コミュニティ放送（FM）を除くラジオ局は基本的に横ばいだが、視聴者の視聴時間減少や高齢化といった課題を抱えている。[★6] 放送は新聞と比べて後発であることや、ネットメディアとの競争を強いられる民間事業者が数の上では圧倒的主流となっていることもあって、やはり日本放送協会（NHK）を除くとコスト高な報道、ジャーナリズムの主役であるという意識は現在の娯楽番組中心の番組編成のあり方を踏まえてみても希薄といわざるをえないと思われるが、それでも24時間365日、記者網、放送網を稼働させているという重要な役割を担っている。

放送事業者は県域放送を原則とし、かつ放送法にある「全国において受信できるように豊かで、かつ、良い放送番組による国内基幹放送」（放送法第15条）、いわゆる「あまねく」規定を有するNHKを除いて、都市圏中心に広域放送も実施する。NHKは現在、年間事業収入が約7000億円でそのうち受信料収入が95パーセントを超えるが、系列局のネットではなく、全国に支局を持ち、全国で放送事業を展開する唯一の放送事業者である。地方発の情報を全国に届け、全国（世界）の、そして他地域の情報を地域に届ける役割を担っている。

　NHKと民放によって担われる放送のあり方は二元体制と呼ばれてきたものの、現実にはNHKの事業規模は相対的に大きく、単純な比較は性質上適切ではないが、民放の最大事業者である日本テレビ放送網の約2倍の規模にのぼる。[★7]なお既知のとおり、NHKのインターネット事業は任意事業に区分され、「インターネット活用業務実施基準」が設けられていて、あくまでNHKにおけるインターネット活用業務は放送の補完等にとどまることになっている。そのため東京2020オリンピックを機に導入されることになった常時同時配信も形式的には24時間365日には至らないなど、制約の痕跡が認められる。

　報道とジャーナリズム、特にストレートニュースに注目するとき、日本のネットメディアについて記すべき事項は決して多くはない。というのも、大手事業者は「プラットフォーム」を標榜し、情報とコンテンツの高品質で信頼でき

私は2020年にノーベル経済学賞を受賞したポール・ミルグロムの『オークション・デザイン』という本の監訳を担当しました。「インセンティブ・オークション」を解説したかなり専門的な本なのですが、この本で書かれているのは、まさに放送事業者が使っている電波をいったん政府が買い上げて、それを携帯事業者などの通信事業者にオークションで転売するモデルの話なんです。これまでは空いている周波数帯を政府が民間事業者に売るのが古典的な電波オークションでした。しかし、いよいよ空き周波数帯も減っ

るストレートニュースの生産という点ではほとんど何もしていないからだ。その一方で、多くのコンテンツ事業者が存在する。しかし彼らはオピニオンや論評、意見を流通するのであって、新聞社や放送事業者のようにストレートニュースを継続的に生成する役割を担っているわけではない。本稿では十分に展開できないが、日本語圏というドメスティックの規模における報道やストレートニュースという業態の費用対効果が低減し、特にイニシャルで大きな投資を必要とし、ランニングにおいても記者を採用、育成し、支局網を整備し、品質管理された情報を提供するというメディアにおけるストレートニュース部門が営利事業として成立し難くなっている可能性がある。インターネットにおけるメディア事業は、すでにそれらを有しているマスメディアの副次的なネット展開を除くと、専門知や意見、論説の提供が圧倒的多数を占める。

　また日本でインターネットが普及してから、およそ20年の歳月が経過したが、未だに24時間、365日の報道を直接行うネットメディアは安定的に存在しない。[★8] 前述のような問題意識に拠って立つなら、「日本語圏で報道は事業として成立し、今後、新しい事業者は誕生するのか？」ということもそろそろ問うてみるべきだ。

てきている中で、より効率的な電波使用が必要になってきています。そこでいったん諸々の周波数帯を政府が買い取って、それをオークションで再配分する必要性が出てきたというわけです。ただ、買い取った金額のほうが売った金額より高くなってしまっては元も子もありません。また電波干渉などの問題もクリアする必要があります。まさに、ミルグロムの本はこういった内容の本でした。いずれにしても周波数帯などの分配をめぐって電波行政の不透明性が多々指摘されている今、無視できない課題になっていますね。（安田洋祐）

ここまで新聞、テレビ、ネットの現状についてごく大まかな概観を行った。次にもう1つの指標である広告収入についても言及しておくことにしたい。コロナ禍におけるメディア不況下の中でもネットメディアの広告収入はこれまでの躍進トレンドが続き、現在ではマスコミ4媒体広告費に肩を並べるまでになった。そして遠くないうちに抜き去ることだろう。電通によれば、日本の2020年の広告総収入は約6・2兆円。[★9] コロナ禍の影響と思われるが前年2019年の約6・9兆円から落ち込んでいる。しかし「マスコミ4媒体広告費」「プロモーションメディア広告費」が落ち込む一方で、「インターネット広告費」は伸びを見せ約2・2兆円とマスコミ4媒体広告費の約2・3兆円に迫る勢いである。

「メディアの影響力」を考えるとき受け手の利用と認識も重要となる。読まれなければ、視聴されなければコンテンツは受け手のもとに届かないし、実際に信頼できないかどうかということとは別に、利用者が「信頼できない」と捉える媒体で接触する情報は総じて信頼し難いものとして受け止められるからだ。ここで3つの媒体に触れながら、こうした問題を整理してみることにしたい。

まずはNHK放送文化研究所が5年ごとに行っている「国民生活時間調査

2020」である。★10 同調査はメディア利用についても様々な示唆を与えてくれる。まずメディア利用時間に注目すると（22ページ）、国民全体の平日の平均テレビ視聴時間は3時間1分、新聞14分、インターネット（動画除く）44分、動画24分となる。基本的に年齢が下がるにつれて、テレビ視聴時間が減少し、動画とインターネットが伸びている様子がうかがえる。30代以下の新聞の利用時間は1分以下で、40代ですら5分にとどまる。紙の新聞は若年世代のみならず、中年世代においてもすでにメディアとしてほとんど機能していないと考えられる。

しかしテレビとて安泰ではない。40代はテレビ視聴時間の合計が、動画とインターネットを足し合わせた時間の合計を上回るが、それ以下の世代では両者の関係は逆転し、動画とインターネット利用時間の合計がテレビ視聴時間を大きく上回るようになっている。さしあたり40代以上をマスコミ中心の世代、それ以下をネット世代と見なすことができるかもしれない。平日の行為者率を見ても、1日にテレビを見る人が減少し、79パーセントとなり、50代以下で有意に減少し、16－19歳で50パーセントを下回ったことが指摘されている。こうした傾向はかつての新聞と似ている。紙の新聞もかつて若年世代から読まれなくなっていることが指摘されていたが、有効な手立てを打てないままにほとんどの社がDXできないままに現在に至っている。新聞の姿が将来のテレビ視聴のあり方とどこか重なって見える。

同様の傾向は総務省の『令和2年度情報通信メディアの利用時間と情報行動に関する調査』からもうかがえる。[★11] こちらの調査結果においては21年の平日における全年代のテレビの視聴時間は163分でコロナ禍での伸びが認められるが、ネットの利用時間が168分となりはじめてテレビ視聴時間を上回った(6ページ)。新聞は8・5分で「国民生活時間調査2020」よりも厳しい数字となっている。また世代別で見ると、40代以下の世代においてインターネット活用時間がテレビ視聴時間を上回っている。質問項目の区分の違いや若干の数字の違いはあれども、基本的にはネット利用がテレビ、新聞を大きく上回り、若年世代ほどその傾向が顕著である様子がうかがえる。

メディアの信頼の程度はどうか。例えば危機の中での情報接触行動を見てみると、例えば総務省の『令和3年版 情報通信白書』はコロナ禍における各メディアの信頼について調査していて、新聞(61・2%)、テレビ(53・8%)、ラジオ(50・9%)の順にマスメディアが上位を占めている(219ページ)。メディアの利用程度や規律の仕方、広告収入の動向と合致しておらず、この回答はもっぱら利用者の主観と認識を示していると考えられる。

コロナ禍に関する情報について、もう一つ総務省の「新型コロナウイルス感染症に関する情報流通調査報告書」があり、こちらでは新型コロナウイルスに関連する情報と接触媒体、頻度、信頼度などを尋ねている。[★12] 同調査でも利用頻度や接触程度についてはネットメディアが多いが、「新型コロナウイルスの情報を知る際に利用する情報源やメディア・サービス」についての回答では、「民間放送」(56・4%)、「ヤフーニュース」(50・5%)、「NHK」(46・1%)が上位を占め(10ページ)、「信頼できる新型コロナウイルスの情報の情報源やメディア・サービス」については、「NHK」(43・7%)、「政府」(40・1%)、「民間放送」(38・0%)となるなど(11ページ)、影響力と、利用者が認識する信頼度がメディアの利用や普及と合致していない結果になっている。同調査は「放送メディアは利用度・信頼度がともに高く、政府の情報は利用度はそれほど高くないが信頼度は高く、ニュース系アプリ・サイトは利用度は高いが信頼度がそれほど高くない、という結果が見られた。SNSはいずれも低い結果となった」と述べる(12ページ)。

さらに近年、こういった状況の中で、偽情報についての関心が惹起されている。悪意を持った発信者によるコロナや安全保障に関する問題を巡る世論への「介入」である。コロナ危機と関連して、偽情報が正しい情報よりも速い速度をもって拡散する（偽）情報（information）の感染爆発（pandemic）、すなわち「infodemic」への対処が当初から懸念されるようになった。これは世界におけるSNSの普及と利用の程度を鑑みて、偽情報が与えるスティグマ（負の差別的ラベリング）や関心を引きやすい誤情報が拡散することによる問題を懸念したためである。政策文書などにおいて、これまで日本における偽情報は他国と比べて軽微な状況にあると考えられてきた。

他方で、偽情報に関連する事例は、国内でも有力なツイッターアカウントからの野党議員の誹謗中傷情報発信と関連する訴訟や、元法相の政治とカネを巡る事件の公判過程で業者に発信と介入を依頼していたことが明るみに出るといったことが相次いだ。さらに2022年の年初にはロシア系メディアがロシア語圏内に向けて、ヤフーコメント上の書き込みに編集を加え、朝日新聞のコメントと偽った世論工作を行っている疑惑を毎日新聞が報じた。★13 このように偽情報を巡る問題は深刻さを増している。現状では民間の自主的規律の重要性が指

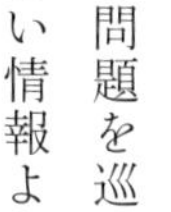

偽情報の難しい点として、情報が発信された時点では間違った情報でも、人々の行動変容を通じてそれが正しくなってしまう場合が挙げられます。たとえば、「お店からトイレットペーパーがなくなる」という言説は、誰もそれを信じなければ偽情報のままですが、何かのきっかけで大勢が信じて、在庫切れになる前に買いだめしておこうとすると、本当にお店からトイレットペーパーが（少なくとも一時的には）なくなってしまいます。こうした「予言の自己成就」が起こる理由は、ゲーム理論を使って古くから分析されてきました。しかし、具体的に

摘されているが、日本でもっぱら利用されているプラットフォームは外資系プラットフォーム事業者が提供するものであり、それらの事業者が対策どころか情報公開に対して消極的であることから具体的な進捗は十分に認められないまま現在に至る。★14

ここまでの長い記述を改めて取りまとめてみたい。長く名実ともにストレートニュースと権力監視を担ってきた新聞は読まれなくなりつつあり、利用者の信頼感こそ高止まりするものの、発行部数や広告収入も大きく減少している。なお2000年代に毎日新聞社から始まり、社会の有識者らと紙面や報道のあり方を検討する取り組みが多々なされるようになっている。不祥事対応や信頼回復のために、様々な品質改善の取り組みが試行錯誤され、おそらく日本の新聞は過去にないほど高い品質管理のコストを投じ、体制を設けている。しかし残酷なことにもはや読まれないから信頼されず、信頼されないから読まれないという悪循環に入っているように思われるし、しかもこの悪循環はもっぱら新聞以外のメディアで、つまりネットやSNSを中心になされているから、新聞の信頼回復は相当に困難だ。おそらくは不可逆的な閾値を超えてしまっている。これから紙の媒体を多くの人たちが読むようになる姿を想像することは不可能

何が人々の行動変容のきっかけとなるのか、どのような政策介入や情報提供が有効か、といった問いについてはゲーム理論だけでは答えが出せません。社会学とのコラボがうまくいく領域ではないかと期待しています。

（安田洋祐）

に近い。そうであるにもかかわらず、新聞社は一部の経済紙などを除いて、理由は様々だが理解困難なまでに紙を主役に据えたままで居続けようとしている。

テレビは全体で見ればかろうじてこれまでと同様の地位を保っているが、視聴者年齢は高くなっていて、30〜40代においてインターネット利用がテレビ視聴時間を上回るなど地位低下が進み、広告収入も伸び悩んでいる。ネットメディアはまさにメディアの主役の座に躍り出たが、ストレートニュースも、信頼される媒体にもなりきれていないし、デファクト・スタンダードのサービスの多くで外資系事業者が重要な役割を担っていることもあり、今後もあまり大きな期待はできない。以下、これらの前提条件が今後も継続するものとして、またストレートニュースと権力監視のそれぞれの機能は自由民主主義の基本的な前提条件として今後も不可欠なものであると見なした上で若干の検討を加える。

3

2030年のメディアの公共性と担い方
――情報過剰と情報過少の時代、希少性の転換

現代の、そしてこれからのメディア環境の特徴は情報の過剰性と見なすことができる。利用する／入手可能なメディアの選択肢、メディア内での選択の自由度等が激増するだろうし、すでに現時点においても、過去と比べて比類ないほどに情報が多くなっている。それに対してメディアを巡る規範は過去の時代、すなわち現代や将来と比べて情報が少なかった時代、つまり情報過少の時代を念頭にしたものがいまだに前提とされている。

その一方で、図表2-1に対照しながら模式的に記すように、情報と規範を巡るあり方は大きく変わっているはずである。例えば情報量が多い時代において、1単位あたりの情報量を増やす行為の価値はそれほど高くはなくなっている。利用者のメディア、情報選択の自由度は高くなっているが、意味や文脈を自明視することは難しくなっている。最近では政治を巡って、「保守」や「革新」という言葉ひとつとってみても、世代によって受け止め方が異なっているという指摘もなされている。語源を重視するのか、政治的な文脈を重視するの

情報選択の自由度	「意味」と文脈の自明性	情報発信主体の信頼の自明性	共通メディア体験	公共概念（共同幻想）
大	低	低	形成困難	形成困難
小	高	高	形成容易	形成容易

図表2-1 情報過剰性と過少性（筆者作成）

かどちらが「正解」とも言い難いが少なくとも文脈の自明性は同定し難くなっていると考えられる。また本稿でも概観したように媒体が持っていた権威性や信頼性も自明ではなくなりつつある。品質管理を行っても、利用者に届かなければなんともならないのである。新聞購読、テレビ視聴が減少し、ネットメディア利用が主になるというとき、共通のメディア体験なるものも希薄になっていくものと考えられる。ネットメディアはパーソナライズが頻繁に行われ、また更新頻度も高く、同時視聴する必然性も乏しくなり、過去の膨大なアーカイブから非同期的視聴ができるようになる。

　長くメディアと表現の自由は自由民主主義の前提と見なされてきた。しかしメディアと表現の自由を通じて、どのように機能し、何を帰結することが公共的であるのかという点については本書では紙幅の関係で十分に論じる余裕はないが、少なくとも論者によって大きく異なってきた。放送法の目的（第1条）等も踏まえて乱暴に概観すれば、多元性と多様性、自律性を保持することで、「人々を多様（自由）にすること（多様性増進）」に重きを置いてきたのではなかったか。しかし、情報が過剰であることを前提とするなら、むしろ「人々をつなぎ合わせるもの（共通性増進）」の希少性が増しているし、今後も増していくと

民間企業であるメディアの公共性を誰が担保するのか。広告収入の内訳の話にも出てきましたが、営利企業がビジネスとして行っているメディアが公共性を担保してきたものの、媒体が利益を維持できなくなっている中で、誰が公共性を担保できるのかという問

	情報の価値
情報過剰の時代	価値小
情報過少の時代	価値大

見なすことができるのではないか。

　今後もますますメディアがネットを中心にする形で再編成されていくことを前提とするとき、最後に近年のサービスの変化についても付記しておきたい。これまでのネットの歴史において、回線容量、速度、価格等の制約条件から文字を中心とするコミュニケーションがその中心を占めてきた。それはSNSが普及しても変わらなかったし、むしろ2011年の東日本大震災時などにおいては、携帯電話がつながりにくくなる中で、テキストベースで情報量も少なかったためコミュニケーションに活用されたこともある。だが事情は2010年代後半にかけて大きく変わった。2010年代中盤からスマートフォン利用が一般化し、4G回線とWi-Fi環境が広く普及し、一部地域では5Gの利用も始まった。回線容量、速度、価格等の制約条件が大きく緩和したことから、ネットサービスもテキストを中心にしたものから、静止画や動画、つまり非テキスト情報=イメージを多用するものになりつつある。インスタグラムやティックトックが代表的だが、その他にもポッドキャストのような音声メディアやライブ（配信）メディアを例に挙げることができるし、既存サービスにおいてもツイッターが音声配信できるスペースを導入し、フェイスブックがインスタグラム

題ですね。このパラドックスをいかに解決できるかが問われているのが現状です。この点は、メディア以外でも電力事業や通信事業のように、公共性を民間が担保している事例がありますので参考になるかもしれません。

（安田洋祐）

との連携を深めるなどイメージを中心にしたサービスの再編も進んでいる。テキストから非テキスト、イメージへとコミュニケーションの手法が変化すると、一層理性的なコミュニケーションの敷居は高いものとなる。あらゆる配信が、好きなイメージを偽装し、高度な編集、流通コストが過去と比べて著しく低減する中で、それらを適切に批判し、見抜く(decode)コストはきわめて高くなっている。

例えば政治は長く言葉をもってなすものと考えられてきた。思考とコミュニケーションから徐々に言葉が抜け落ち、イメージがその座に置き換わろうとするとき、その中で政治は、その情報発信はどのように行われ、どのように流通し、読み解かれるべきなのか。議論は進まないままに政治におけるこうしたツールやサービスの利用は進んでいる。先のメディアの公共性とは何かという問いと関連するし、市民の代理人として、誰が現実的に報道や情報を読み解く役割を担いうるのかという問いも惹起する。今後、そうした役割を担いうる存在はそれほど多くはないように思えるがどうだろうか。そう考えるなら、いま、現実に存在するステークホルダーと信頼の配置が消滅、変容する前に対策を行うことが期待される。しかし現状維持バイアスに身を委ね、放置し続けているのが日本のメディア業界の「現実」でもある。

注

★1 Pew Research Center "U.S. Newsroom Employment has Fallen 26% since 2008" (https://www.pewresearch.org/fact-tank/2021/07/13/u-s-newsroom-employment-has-fallen-26-since-2008/).

★2 Pew Research Center "Newspapers Fact Sheet" (https://www.pewresearch.org/journalism/fact-sheet/newspapers/).

★3 河北新報社「全米で『ニュース砂漠』広がる　04年以降、2155紙が廃刊〈米・地方紙の模索〉」(https://kahoku.news/articles/20211227khn000026.html)。

★4 日本新聞協会「新聞の発行部数と普及度」(https://www.pressnet.or.jp/data/circulation/circulation05.php)。

★5 日本新聞協会「新聞・通信社従業員総数」(https://www.pressnet.or.jp/data/employment/employment01.php)。

★6 総務省の『令和2年版 情報通信白書』によれば、地上系民間基幹放送事業者は533で増加傾向だが、その大半をコミュニティ放送が占めている。それらを除くと、ほぼ横ばいである。衛星系民間放送事業者は41と減少傾向にある。同白書によると2019年度末において都道府県の視聴可能チャンネル数は6チャンネル地域が6、5チャンネル地域が14、4チャンネル地域が13、3チャンネル地域が9、2チャンネル地域が3、1チャンネル地域が2である。

★7 日本テレビホールディングス「2020年度決算資料」(https://www.ntvhd.co.jp/ir/library/presentation/booklet/pdf/20210513.pdf)によれば、同HD全体の売上高が約4000億円、日本テレビ放送網の売上高が約2900億円。

★8 ソーシャルメディア上の投稿の機械的分析と人間的分析を組み合わせて、速報を流す「FASTALERT」を提供するJX通信社のサービスなどは近年、多くの放送事業者や自治体に導入されていて今後のいっそうの発展が期待される領域ではある。

★9 電通「2020年 日本の広告費」(https://www.dentsu.co.jp/news/release/pdf-cms/2021012-0225.pdf)。

★10 NHK放送文化研究所「2020年 国民生活時間調査」(https://www.nhk.or.jp/bunken/research/yoron/pdf/20210521_1.pdf)。

★11 総務省『令和2年度情報通信メディアの利用時間と情報行動に関する調査』(https://www.soumu.go.jp/main_content/000765258.pdf)。

★12 総務省「新型コロナウイルス感染症に関する情報流通調査報告書」(https://www.soumu.go.jp/main_content/000693280.pdf)。

★13 毎日新聞「オシント新時代〜荒れる情報の海:ロシア政府系メディア、ヤフコメ改ざん転載か 専門家『工作の一環』」(https://mainichi.jp/articles/20211230/k00/00m/030/333000c)。

★14 西田亮介「近年の日本における偽情報(フェイクニュース)対策と実務上の論点」『情報通信学会誌』39(1):13−18。

encore

私は経済学、西田さんは社会学の切り口で2030年の日本を考えてみましたが、二人とも結論を「現状維持が必然的に起こってしまう」としていたところが面白かったです。私は「経路依存性」や「ブラック均衡」という言葉でそのことを表現しましたが、西田さんは「メディアの収益構造」や「ステークホルダーとのゼロサム関係」という言葉を使われていました。つまり、当事者目線で置かれた状況を考えると、一足飛びに新しいメディアに移行するのが難しい理由がある。加えて、日本はマスメディアが母体として大きいゆえに、現状維持が経済的にかなり合理的な判断になってしまっている。イノベーションの文脈では、既存技術があると一足飛びに次にカエル跳び（Leapfrog）できないので、ゆるゆると茹で上がってしまうと言われています。恐らく、同じような現象がメディア業界でも起こっているのでしょう。

また、今回の研究会を通して、専門分野のフレームワークをよりブラッシュアップしていけたらと思いました。それこそ、経済学でも変化仮説のような補助的概念を用いて、一般の人ともコミュニケーションが可能な形でアウトプットができれば、多くの人の認識を変えることができるかもしれません。私も粗削りながら「SDG仮説」というものを提唱しましたが、その嚆矢になればと思っています。

安田洋祐

encore

市場経済のブラック均衡を乗り越えるための概念である「SDG仮説」。情報をすべて把握できれば効率的な資源配分が実現できるという計画経済論争のようなものかと思いきや、よく読んでみるとそうではない。Scaleという競争心を引き出すインセンティブ、Distanceという互恵性を土台に生み出されるクリエイティビティやサポート、それらがバランスすることで機能するGravity。熟慮の価値がありそうです。一方で、メディア業界の均衡状態が変わるとしたら、やはり規制改革がトリガーになりそうです。すでに民間事業者よりもNHKが改革をリードしてしまっているからです。特に放送が顕著なように、メディア業界には公共性への配慮が法的、道義的に求められることも関係します。また、公共性の内実が変容することで、メディア業界が変わるかもしれない。このとき、従来と同じようにメディアが機能するためには、どのような制度が必要か。そのヒントを「SDG仮説」から考えてみるのも面白そうです。

また、今回の研究会で、社会学と経済学を比較する中で、社会学のツールの弱さを改めて実感しました。演繹なのか帰納なのかもはっきりしていないため、どうしても説明力が弱くなる。それでも政治学の分析概念やネットワーク・サイエンスのミルグラム実験は、社会学がルーツにあります。そう考えてみれば、社会学の役割のひとつとして他分野のインスピレーションやヒントを促す触媒としての姿があるのかもしれないなどということを考えました。

西田亮介

第Ⅱ部

「ストーリー」としての戦後史

――「1964」から「2021」へ

マッドル・スルーの「ストーリー」と「ヒストリー」

第I部が現代を起点に考えたとすれば、第II部は過去に退いてそこから未来を見通そうとする。

時代は1960年代の東京オリンピックとその後の佐藤栄作政権である。冷戦が終わって日本は「失われた30年」というデフレと停滞の時代に入る。これと比べて、1960年代の高度経済成長は、発展と希望の時代であった。だが、高度経済成長途上の日本はいまだ中進国であり、成熟とは無縁の若く荒々しさの残る国でもあった。

そうした未成熟の国家で、世界で初めてオリンピックと並んでパラリンピックが開催される。

稲泉さんは、戦争の爪痕が残る傷病兵のトレーニングとして、また前向きの障害者の生活復帰として始まったパラリンピックを人物像から振り返る。研究会では、パラリンピアンに直接話を聞く機会を得た。ままならないものを受け入れつつも前向きに未来を切り開くその姿は、パラリンピックの原動力であることを、まざまざと感じさせられた。それを、ノンフィクション作家である稲泉さんの人を見るまなざしと温かく描く筆致が引きこんでいく。

対する村井さんは、東京オリンピック後に誕生した佐藤栄作政権を「マッドル・スルー」、つまり「なんとかして進む」姿として描く。第二次以降の安倍晋三政権以前、最長政権であった佐藤政権の時代は、高度経済成長が続いた日本の発展の時代だが、その困難な道行きは、第二次以降の安倍政権と比べられるだろう。オリンピック的というよりは、パラリンピック的なのかもしれない。歴史を英語で書けばヒストリーだが、その言葉の中にはストーリーがある。ノンフィクションで描くストーリーと、政治史が描くヒストリーがここでは重なってくる。

稲泉さんと村井さんの描く世界は、決して気楽な話の流れではないのに、どこか明るい草食系とでもいうべき調和的な世界観がある。希望の未来がほの見えるだろう。

（牧原 出）

第3章

パラリンピックの歴史と文脈
——その起源と、戦後日本における受容

稲泉 連

1 パラ陸上選手権大会のある風景

2021年3月20日からの2日間、東京・世田谷区にある駒沢オリンピック公園の陸上競技場で、第32回日本パラ陸上球技選手権大会が開催された。この大会はそれぞれの種目の日本一を決めると同時に、世界上位6位までの記録を出せばパラリンピックへの出場が決まる、というものだった。前年から続く新型コロナウイルスの流行によって、東京オリンピック・パラリンピックの開催

が不透明な状況の中、男子146名、女子57名の合わせて203名が出場した。

私が同大会を観戦した2日目、桜が咲き始めた大会初日の暖かな天気は打って変わり、東京は春の嵐のような悪天候に見舞われていた。強い雨と風でトラックのコンディションは悪く、感染対策によって5000人に制限された観客席も人はまばらで寂しい。フィールド競技では降雨によって車椅子のタイヤのスリップやハンドリングの滑りが生じ、義足も風雨の影響が大きく、選手たちの記録は伸び悩んでいるようだった。

そんな中、この大会において注目された出場者の一人に、特例として出場が認められたクティヤン・マイケル・マチーク・ティンという名の選手がいた。

唯一の外国人として大会に出場したマイケル氏は、生まれつき右腕に障害を持つ南スーダン出身の30歳。彼は上肢障害のT47クラスの100メートルと200メートルに出場し、前日20日の100メートルでは自己ベストを更新する11秒42で優勝すると、豪雨の2日目の200メートルでも、同じ多川知希《たがわともき》選手(リオデジャネイロパラリンピック、リレーの銅メダリスト)と二人でレースを競った。

大会に南スーダンの選手が出場したのは、彼らが東京オリンピック・パラリンピックの事前キャンプ地として、群馬県前橋市に滞在して準備を続けていたからだった。東アフリカの内陸部に位置する南スーダン共和国は、長く続いた内戦の末、2011年に独立した国だ。しかし、独立後も国内の情勢は不安定な状況が続き、国民の3分の1に当たる400万人超が難民となっているという現実がある。

JICA（国際協力機構）が同国の情勢を前橋市に説明し、東京オリンピック・パラリンピックの長期事前キャンプの受け入れを打診したのは2018年。同市はこの提案を受け、翌年の11月から5人の選手の支援を開始していた。2020年に入って新型コロナウイルス流行の影響で東京大会の1年延期が発表された後も、同市は大会終了まで彼らの受け入れを継続することを決定したのだった。

そんな中、マイケル選手が日本パラ陸上競技選手権に出場することになったのは、障害者スポーツの競技大会への参加経験のなかった彼に対して、日本パラ陸連が出場資格を変更して決定したものだった。

南スーダンの選手団と交流を重ねてきた前橋市役所の担当者によると、マイケル選手は陸上のトレーニングをしてきたわけではないものの、もともと俊足で地元の州のレースで活躍し、2017年に初めて国内のスポーツの祭典「ナショナル・ユニティ・デイ」（国民結束の日）に出場したという。

同国には障害者スポーツの文化はなく、大会に健常者と障害者の区別はなかった。そこでの100メートルの成績が認められ、パラリンピック東京大会の代表選手に選ばれたのが彼の選手としてのキャリアであるという。東京大会が開催されれば、彼は南スーダンの選手として初めてパラリンピックに出場することになる。

パラ陸上選手権大会初日、100メートル走の競技後のインタビューで、パラアスリートとの競技を初めて経験したマイケル選手は次のように語っていた。「今回の大会が生涯初めてのパラ競技大会でした。義足の選手、車椅子の選手が懸命に走る姿を見て、とても勇気づけられました」

次のウェブサイトでのインタビューによれば、マイケル選手はパラリンピック後も競技を続け、いずれは故国で障害者スポーツの指導者になりたいとも話している。

南スーダンは、障がい者に対する指導環境が整っているとはいえない状態です。だからこそ、自分自身が日本で学んだこと、オリンピック・パラリンピックの舞台に立ったからこそ伝えられる経験を、若い世代に伝えていきたいです(https://getnavi.jp/world/562563/)。

内戦によって多くの人が犠牲となり、現在も「2、3日に一度しか食事がとれないこともある」という多民族国家の南スーダンでは、障害者スポーツが浸透していない。その意味で彼のような選手の存在がこの言葉どおり、日本での経験をもとに新しい文化を祖国に根付かせていく最初の一歩となるのであれば、それは「パラリンピック」というスポーツの祭典の意義を象徴するものであるに違いなかった。

実は結果的にマイケル選手のパラリンピックへの出場は幻に終わった。手続きに不具合があり、南スーダンの国際パラリンピック委員会への加盟が間に合わなかったためだ。

しかし、その日、豪雨の中でマイケル選手が走る姿を振り返ると、それでも私は障害者スポーツの大会に初めて出場したという彼のその姿が、57年前の「東京パラリンピック」で、同じように初めて海外の選手とともに大会に出場した日本の歴史と重なっていくように思えた。

日本にも「障害者スポーツ」という概念がほぼ存在しなかった当時、国際的なこのスポーツ大会の開催に奔走した人々がいた。そして、そこでの外国人の選手たちとの初めての交流は、日本における障害者スポーツや障害者政策に大きな影響を与えることになったからだ。

そこで本稿では私が『アナザー1964　パラリンピック序章』を書くために行った取材・調査をもとに、「パラリンピック」という国際スポーツ大会がどこから来たのか、また、57年前の日本でそれがどのように受容されたのかを見ていきたい。そのことからは、「ノンフィクション」によって戦後という時代を記録する意味も自ずと浮かび上がってくるはずである。

2 パラリンピックとルートヴィヒ・グットマン

1964年——この年は日本の現代史において、東京オリンピックの年として記憶されている。

国鉄が総工費3500億円をかけた東海道新幹線の開通、首都高速道路やモ

稲泉さんの本はおそらく全部読みました。最初は仕事でご一緒するから、途中からは引き込まれて。『アナザー1964』（小学館）と同様、未来を感じさせる『宇宙から帰ってきた日本人』（文藝春秋）、東日本大震災や災害に関わる連作『廃炉』（新潮社）『復興の書店』（小学館文庫）『命をつなげ』（新潮文庫）、仕事に関わる連作『僕らが働く理由、働かない理由、働けない理由』（文春文庫）『豊田章男が愛したテストドライバー』（小学館文庫）などなど。なかでも私のお気に入りは『こんな

ノレールといったインフラ、競技場やホテルの建設……。大会にかけられた政府援助費は約1兆円にのぼる。経済白書に「もはや戦後ではない」と記述されてから8年が経ち、国民的な熱狂とともに日本に迎えられた東京オリンピックは、まさに高度経済成長の総仕上げともなった祭典だった。

その祭典の開幕式が行われた10月10日、真っ青に晴れ渡った空のもと、競技場では7万5000人の観衆が94カ国5586人の選手団の行進を見守った。そして、最終聖火ランナーである坂井義則による聖火の点火、続いて選手代表の小野喬による選手宣誓が行われると、8000羽の鳩が一斉に飛び立った。航空自衛隊の「ブルーインパルス」が5色の五輪をアクロバット飛行で上空に描いた瞬間は、1960年代を象徴する歴史的光景の一つだったと言えるだろう。

そのように始まった大会が、盛況のうちに幕を閉じた2週間後の11月8日、祭りの後の寂しさが漂う秋晴れの東京で、ある国際大会がひっそりと開幕した。

「国際身体障害者スポーツ大会」、またの名を「第13回ストーク・マンデビル国際競技大会」とも呼ばれ、今では「第2回パラリンピック」として知られる障害者スポーツの国際大会である。

家に住んできた』(文藝春秋)です。世界的な公害病、水俣病と向き合った石牟礼道子さんも登場します。私たちは微に入り細を描くので日本のことを書いていると思われがちですが、そうではありません。(村井良太)

当時のこの「パラリンピック」は、脊髄損傷などで肢体不自由となった人を対象とする国際大会である第1部（「パラリンピック」の「パラ」も現在の「パラレル」ではなく、下半身麻痺を表す「パラプレジア」の意だった）、そして、視覚障害、聴覚障害をそれに加えた日本人を中心とする国内大会の第2部に分かれて開催されている。

第1部の「パラリンピック」には世界20カ国から375人が参加。うち日本人選手は53名。多くが神奈川県の国立箱根療養所や別府の国立脊髄損傷センター、川崎の関東労災病院などから集められた〝患者〟たちであった。

その日、4000人収容の仮設スタンドが設置された代々木の競技場・織田フィールドでは、午前十時から開会式が始まった。スタンドは様々な関係者への呼びかけもあって満員となり、フィールド内の補助席も観客で埋まる盛況ぶりだった。

皇太子夫妻も列席したこの開会式に、来賓として挨拶に立った一人の西洋人がいた。イギリスの脊髄損傷を専門に治療を行う「ストーク・マンデビル病院」の院長、ルートヴィヒ・グットマン——この人物こそが現在に至る「パラリンピック」の創始者であった。

「パラリンピック」は、下半身麻痺を表す「Para-plegia」を由来にもつという指摘は非常に大切だと思います。言葉の意味が時代によって変移することや、同じ言葉でも意味を変えて使われていることがあるので、政治史の研究で資料を読む際には、言葉にはいつも注意を払っています。

（村井良太）

パラリンピックの起源は1948年、すでに脊髄損傷のケアの世界的権威であったグットマンが、院内の敷地で小さなスポーツ大会を行ったことに始まる。それは脊髄損傷の患者のリハビリと社会復帰を目的としたもので、大会は病院の名をとって「ストーク・マンデビル競技大会」（Stoke Mandeville Games）と呼ばれた。以後、同大会は毎年開かれ、オランダからの参加者を迎えた「国際競技大会」を経て、1960年のローマで初めてオリンピックと同時期・同場所の開催が実現した。

では、グットマンはなぜ、この時期に脊髄損傷者による競技大会を始めたのか。その理由を知るためには、彼の医師としての半生を追っていく必要があるだろう。

グットマンは1899年、ドイツとポーランドの国境近くにあるシレジア州の町に生まれたユダヤ人である。

彼が脊髄損傷患者を専門とする医師になったのは、第1次世界大戦が終わる頃に地元の病院で雑役係として働き始めたことがきっかけだった。その町にはもともと炭鉱労働者が多く、病院には坑道での事故で四肢麻痺となった人々が多く入院していた。大戦中、そこに戦場で負傷した兵士の入院が重なり、肢体不自由となって将来に絶望する戦傷者たちの姿を見て、グットマンは強い衝撃を受けて医師を志したという。

1923年、ドイツの大学で学んだ彼は医師の資格を得ると、神経学の教授の助手を務めながら脊損患者の治療を学んだ。そんな中、彼は30代の頃から整形外科医として高い評価を得るようになっていくのだが、一方でナチスによるユダヤ人の迫害がそのキャリアに深い影を投げかける。グットマンは日に日に強まる迫害の中で医療を続けるものの、ついに1939年にはイギリスへ亡命。オックスフォード大学で講師を務めることとなった。

彼がストーク・マンデビル病院に招かれたのは、それから5年後の1944年である。この年、連合軍によるノルマンディ上陸作戦を控え、脊損患者の増加に備えて病院内に脊髄損傷科が新設された。彼はイギリス陸軍の神経外科医の推薦を受け、科のリーダーとして招聘されたのだった。

高橋明《たかはしあきら》著『障害者とスポーツ』（岩波新書）によれば、当時の脊髄損傷による患者の生存率は2割ほどだったという。命の助かった患者も施設や家に引きこもるような生活を送っており、介護を受けながら年金に頼るというそのあり方は、第2次世界大戦後の日本ともほぼ同じだったと想像される。

グットマンが脊髄損傷の治療の世界的な権威となったのは、そうした社会の現実を変革したからである。

ストーク・マンデビル病院での彼の取り組みの特徴は、医学的な治療だけではなく、患者の社会復帰のための環境作りにまで視野を広げたところにあった。脊損の専門医を他の専門医がサポートし、看護師や理学療法士も加えたチームで治療およびリハビリを行う。それは〈包括的治療〉(『障害者とスポーツ』)と呼ばれた。

彼が脊損科(後の脊髄損傷センター)を率いるようになってから、ストーク・マンデビル病院での患者を巡る環境は大きく変わっていく。入院から社会復帰までの期間は約6カ月間となり、その退院後の就職率も実に85パーセントという成果を挙げたからである。そして、この大きな成果を背景に同病院は病床を増やしていくと同時に、四肢麻痺や半身麻痺の治療・リハビリ法を学ぶために、グットマンのもとにヨーロッパ各地から専門医が集まるようになった。

さて、こうしたグットマンの治療・リハビリにとって、大きな要素となったのが「スポーツ」であった。

具体的には院内で車椅子の患者がバスケットボールやアーチェリー、卓球やこん棒投げに取り組み、上半身の筋力を鍛えて社会復帰を目指していく。さらにグットマンが強く意識していたのは、スポーツに取り組むそのリハビリの日々において彼らの多くが体力だけではなく生きる活力を取り戻し、それを社会復帰に向けた原動力へと変えていくことだった。

後に東京パラリンピック開催に際して来日した際、グットマンは『毎日新聞』(1964年11月8日)のインタビューで、

セキ髄損傷のため下半身がマヒしているものの治療に、私がスポーツを取り入れたのは、患者の心理面を重視したからです。

と語り、その意図について明確にこう続けている。

スポーツや作業は、きかなくなった筋肉の活動を回復させる効果がある。だが、それ以上に、くじけた〝心〟を取り戻す効果が大きい。自信、競争心、独立心を再び自分のものとし、五体満足な人と互角にやっていける社

会復帰への最小の道はスポーツだと考えたのです。

当時、日本にはまだ障害者スポーツという概念そのものがなかったが、イギリスにおいても下半身麻痺の患者が車椅子バスケットボールや水泳をすることに対して、

世間は受け入れてくれなかった。

と彼は語っている。後に日本でも障害者のリハビリにスポーツが取り入れられた最初の頃は、周囲から医療者に対して「可哀そうではないか」などといった非難の声が上がったが、ヨーロッパでもそれは同じだったということだ。だが、仲間の医師や最初は数少なかった社会の理解と援助の中で、スポーツによるリハビリの効果は徐々に認められていった、とグットマンはいう。

スポーツのおかげでかれらは再び生きる自信を得たのです。下半身マヒの身体障害者は、もはや年金や慈善の対象ではなく、税金を納める立派な

社会の一員です。

入院患者と対話をするとき、彼には一つの口癖があった。

「失われた機能を数えるな。残された機能で何ができるか考えなさい」

この合言葉をつねに胸に秘めていた彼は、院内の芝生やグラウンドを利用し、「ストーク・マンデビル競技大会」と病院の名を付けたスポーツ大会を始める。それは自身の病院への赴任から4年後、太平洋戦争の終結を挟んだ1948年のことだった。

競技大会の第1回の参加者は入院患者のわずか16名。2名の女性を含む全員が戦争で負傷した人々だったという。グットマンは自らの病院でのこの試みを振り出しに、障害者スポーツの普及に対する並々ならぬ意欲を見せる。大会を毎年開催しつつ、4年後にはオランダから脊髄損傷の参加者を迎えることで、これを世界初の障害者によるスポーツの国際大会と位置付けていくのである。

以後、年を追うごとに大会の規模は拡大し、1956年にはメルボルンで開かれたオリンピックで、国際ストーク・マンデビル競技大会の組織運営に対して国際的な賞が授与された。また、4年後の1960年9月には、第9回目となる国際ストーク・マンデビル競技大会がオリンピックの開催地・ローマで同時開催されることになる。これが脊髄損傷を表す「パラプレジア」によるオリンピック、すなわちパラリンピックの源流となった。

3 医師・中村裕と日本におけるパラリンピックの受け入れ

では、そのようにイギリスで発祥した「パラリンピック」が、1964年の東京オリンピックの後にも開催されるに至った経緯はどのようなものだったのだろうか。その背景を語る上で欠かせないのが、大分県の別府病院に勤務していた一人の整形外科医の存在である。その名を中村裕《なかむらゆたか》という。

当時、大分県の国立別府病院に勤務していた中村は、東京パラリンピックの翌年の1965年、「保護より機会を」という理念のもと、別府市に就労支援施設「太陽の家」を創設したことで知られる。

最初は数名の入所者から始まった「太陽の家」は、障害者の就労支援を本格的に行う日本でほぼ初めての施設であり、彼はその場所を拠点に日本の障害者政策に多大な影響を与えた。そして、その彼の活動の原点となったのが、1960年に視察で訪れたストーク・マンデビル病院でのグットマンとの出会いだった。

中村が新人の医師として過ごした1950年代は、先の大戦中の戦傷者だけではなく、経済復興の中で工場や炭坑での事故が増え、「整形外科」が外科の一部から一つの専門性を持つ分野として注目され始めた時期だった。その中で彼は日本に「リハビリテーション」の概念を紹介した医師の一人・天児《あまこ》民和《たみかず》に師事し、リハビリについての日本初の教科書『リハビリテイション――医学的更生指導と理学的療法』を共著で上梓していた。そんな中、厚生省（現・厚生労働省）から派遣されて欧米のリハビリ施設や病院の視察を行った際、その行先の一つにあったのがグットマンのいるストーク・マンデビル病院だった。

ローマでの「国際ストーク・マンデビル競技大会」を間近に控えた5月、ストーク・マンデビル病院を訪れた中村は、ここでは8割の患者が社会復帰を果たしている、という話を聞いて大きな衝撃を受けた。

日本で脊髄損傷者の治療を続けてきた中村は、その日々の中で一つの葛藤を抱えていた。それは外科的な治療で車椅子での生活が可能になっても、日本では患者の社会復帰の道がほとんど用意されていないことだった。彼らはあくまでも「保護」の対象であり、療養所や家族のもとで退院後も暮らすのが一般的だった。「リハビリ」という概念もほとんどなく、患者の運動機能を伸ばす取り組みは「訓練」と呼ばれていた。

対してイギリスでは、治療の時点で初めから「社会復帰」への道筋が敷かれていた。彼らは担当医の他に理学療法士、作業療法士、医療体育士によって回診チームを作り、各々の患者に合ったリハビリを用意するだけではなく、そのプログラムの中にはソーシャルワーカーや養護学校の教師、身障者の就職を斡旋する担当者が参加し、退院後の社会復帰が強く意識されていた。

障害者雇用の制度や支援の仕組み、退院後の彼らの受け皿にも多様さがあり、その「治療」は医療と教育、社会制度が三位一体となっていた。

彼が自身の半生を振り返った自著『太陽の仲間たちよ』によると、当時の日本では全国約95万人の障害者のうち肢体不自由者は約6割で、15歳以上の就業者は5割未満。そのほとんどが自営業だった。対してイギリスでは「失業率」の方が7・9パーセントであり、そこには、骨なら骨を立派につなげればそれで名医の評価が得られる（『中村裕伝』）。

のとはまったく異なる考え方があるのは明らかだった。

グットマンのもとでこの現実を目の当たりにした中村は、「医療が患者に対して何をすべきか」という問いをあらためて考えた。

医療の使命とは医学的な手技や技術によって、患者を治療することだけではない。怪我や疾患による障害がたとえ残っても、仕事や家族を持つ社会人としていかに彼らを送り出すか――その支援を行える存在こそが医師なのだ、というこのとき抱いた確信は、後に「太陽の家」を創設して障害者の社会復帰の環境を作る戦いに身を投じていく彼の原点となっていくのである。

そして、彼がその目的のための最初の「第一歩」として帰国後に日本ですぐに行うと心に決めたのが、社会復帰への道筋を付ける医療にスポーツを大々的に取り入れたグットマンの手法だった。

グットマンの治療方針である「手術よりスポーツ」という考え方を、日本でも必ずや実践すること。そして、障害者が当たり前に働ける社会を実現すること――。4年後の東京ではオリンピックが開催される。国際ストーク・マンデビル競技大会はその年で13回目となるが、グットマンはその東京オリンピックと国際ストーク・マンデビル競技大会を同時開催したい意向を中村にも伝えた。

帰国後、中村は厚生省や皇室、様々な関係者と議論を重ねながら、大分での日本初のスポーツ大会の開催、ストーク・マンデビル大会への視察や選手の派遣など、パラリンピック開催に向けての地ならしに尽力していく。

一方、そうした中村の活動と軌を一にする形で、日本での障害者スポーツに対する関心は一部の関係者の間では徐々に高まってもいた。

例えば1960年、ローマ・オリンピックの後に開かれた第9回国際ストーク・マンデビル競技大会(通称・第1回パラリンピック)を、通信社の支局長の妻でILOでの勤務経験も持つ渡辺華子という女性が観戦している。

ローマ大会には戦災や労災、病気などで下半身麻痺になった選手が400人以上集まった。その模様を観戦した彼女は読売新聞(1961年7月8日)に寄せたコラムで、
そのふんい気はまさに草運動会といったところ。実をいえば、私は対抗意識と緊張感の過剰な一般オリンピックよりも、このなごやかな、文字通

り勝つことよりは参加することを目的としたパラリンピックの方が、気分がくつろいで見ていてずっと楽しかった。

と報告し、

日本がいきなり「東京パラリンピック」に飛びつくべきかどうかは、その道の権威者たちに慎重に協議していただくべきだが、せめて日本が加盟国になるように、平常から身障者の厚生に関心を持つぐらいは私たちがするべきことだと思う。「日本では五体そろった人さえ食うに追われているのに、身障者のスポーツなんて非現実的だ」という考えの人も多いが、そういうセンスで進んでいくと、せっかくの福祉国家が精神からしてぐらついてきはしないか。

と続けている。

この渡辺の体験と問題意識は、後に日本の障害者スポーツを熱心に支援することになる当時の皇太子夫妻(現・上皇夫妻)にも伝えられた。

また、傷痍軍人の団体である世界暦戦者連盟の日本理事・沖野亦男《おきのまたお》、国立身体障害者更生指導所の稗田正虎《ひえだまさとら》も渡辺の報告を聞いている。彼らを通して関連団体に対する啓蒙活動がまずは始まり、そんな中、グットマンからも「ストーク・マンデビル大会」を開催してほしいという要望書が届くことになる。こうした流れが合流する形で、パラリンピックの開催を推進するために「身体障害者スポーツ振興会」が設立される。

朝日新聞厚生文化事業団とNHK厚生文化事業団を中心に、厚生省などの関係官庁、障害者団体の代表者クラスの会議が行われたのは1962年4月である。もともと国はパラリンピックの意義に理解は示しつつも、その開催についてはまず国内のスポーツ大会での前例作り、社会への振興が必要だと考えていた。だが、東京オリンピックの開催時期までに残された期間は2年足らずしかない。その短い時間で大会を実現するためには、協議を続けている余裕はなかった。その中で中村の熱心な働きかけもあり、ここは思い切ってパラリンピックの同時開催を決めた上で様々な環境を整備すべきだ、という方針がこのとき決定される。

さらに東京での大会は下半身麻痺だけではなく、肢体不自由や視覚障害、聾

政治学に限らず、社会科学全般に言えることかもしれませんが、これらの学問の大きな目的は、世の中がどう回っているかを明らかにすることです。その上で、中村さんのような凄まじいパワーをもった個人が、

などすべての障碍者のスポーツ大会にすべきだという方向性も確認された。それはパラリンピックの歴史に果たした日本の役割として、特筆しておくべきことでもあるだろう。

そこで次節では視点を変え、実際にパラリンピックに出場した日本人の選手たちが、そこでどのような体験をすることになったかを見ていきたい。

社会のひずみの中から誕生して、世の中を動かしたというのは、人間社会の一つのパターンとして興味深いですね。（村井良太）

4 日本人出場者たちの見た東京パラリンピック

1964年のパラリンピックを観戦した人に話を聞くと、誰もが口をそろえて語る感想がある。それは男女とも上半身が屈強に鍛えられている欧米の選手に比べ、えんじ色のユニフォームを着た日本人選手があまりに華奢に見えたことだ。障害者スポーツの文化があり、車椅子でも仕事や家族を持つ欧米の選手に対して、すでに述べたとおり、日本人の参加者は療養所や病院にいた「患者」たちであったからである。

彼らが怪我を負った背景には、炭鉱労働での事故やモータリゼーションの中で増加する交通事故など、東京オリンピックに結実した高度経済成長の日本があった。それは戦後の経済成長の影の部分とも言えた。また、日本の社会には障害者の社会復帰や障害者スポーツの概念はほとんどなく、車椅子に乗る脊髄損傷の人々自身も、病院や療養所で一生を過ごすと考えていた。観戦した人々が感じた日本人選手と欧米選手の違いは、障害者を巡るそのような社会環境を反映したものだった。

前述のとおり、この大会に出場した日本人選手は53名。では、彼らはそこでどのような体験をすることになったのだろうか。

私は後に『アナザー1964』としてまとめる本の取材を始めたとき、当時のパラリンピックについて何も知らなかった。「障害者スポーツ」どころか「リハビリ」の概念も希薄だったあの時代の日本で、なぜパラリンピックが開催されることになったのか。そもそもパラリンピックとはどこから来て、そこにどのような人々がかかわり、どのような選手たちが参加したのか——。

2020年の東京大会の開催決定後の様々な報道に接する中で、「当時のパラリンピック」のリアルな姿を知りたい、という素朴な思いが胸の裡で膨らんでいったことが取材を始めたきっかけだった。

大会に出場した選手たちは、存命の人でもみな80代になっていた。その彼らを探し出して話を聞く中で印象に残ったのは、「1964年のパラリンピック」が開催のほんの1年前、人によっては半年前に出場を打診された、青天の霹靂のような出来事であったという事実だ。

例えば、日本代表として出場した二人の女性選手のうちの一人は、「わたしはね、あんまりパラリンピックみたいなところには行きたくなかったのよ」とインタビューを始めてすぐに言った。「怪我をしたことだってまだ受け入れられていなかったのに。人前に出るのが嫌で嫌で、そんな恥ずかしいことしたくない、っていう気持ちでしたよ」と。選手たちの多くはこのような「人前に出るのは恥ずかしい」という思いを抱きながら、参加する競技の練習を少ししただけで、人里離れた療養所から代々木へと向かったのである。

本稿ではそのうちの二人、選手宣誓をした青野繁夫《あおのしげお》さん、卓球に出場した長《は》谷川雅巳《せがわまさみ》さんのことを、インタビューと『国際身体障害者スポーツ競技会　東京パラリンピック大会　報告書』に掲載されている手記の言葉を中心に見ていきたい。

選手宣誓を行った故・青野繁夫さんは、1920年生まれの傷痍軍人だった。

現在も静岡県の故郷に暮らす親族によると、彼が脊髄損傷のけがを負ったのは、満州事変の際に従軍した際の戦闘であったという。一度は実家に戻って結婚したが、しばらくして脊損患者を専門に受け入れていた国立箱根療養所に入所した。当時の療養所を知る人たちによれば、彼は人望が厚く療養所でのリーダー的な人物だったそうだ。

東京での大会で彼は卓球とフェンシングに出場してメダルを獲得している。だが、報告書の手記を読むと、何よりも心に焼き付いたのはそうした競技ではなく、会場で触れ合った外国人選手の姿だった。

外国の選手のあの明るさは何処から来ているのか疑問に思ったのは私一人ではあるまい。勿論国民性もあろう。が、しかし国家の福祉制度の充実から、生活の安定があっての事である事には、間違いあるまい。

と彼は書いている。

療養所や労災病院の「入所者」や「患者」だった日本人選手は体格も華奢で、会場ではうつむきがちの者がほとんどだった。一方で上半身が見事に鍛えられた外国人選手たちは、弁護士や教師、官僚や音楽家といった専門職であることも普通だった。腕の力でクルリと車椅子を回転させる様子や、ポケットから煙草を取り出して火を付け、実に洒脱な雰囲気で談笑する彼らの立ち振る舞いは、1960年代に生きる日本人のイメージする「障害者像」を大きく覆すものだった。

青野さんは対戦したオーストラリアの選手と試合後に抱き合い、思わず胸にこみ上げるものを感じて涙を流した。また、競技の結果は療養所での1年前からの練習の成果であり、「やれば出来る」という自信につながった。だが、そのような思いと同時に湧き上がってきたのが会場で交流した外国人選手たちの「明るさ」であり、障害者を巡る日本の「社会」のあり方についての課題でもあった、と彼は次のように続けて書いている。

> 日本の現状は所謂先進国との差が有りすぎる様な気がしてならない。私達が身体だけ社会生活に堪え得る元気さを回復したとしても、現状はどんな受入れ方をしてくれるであろうか。なる程法律では、身障者雇用促進法が立派に成立している。であるが、これはまったく軽度の身障者のもので

国境をまたぐ視察や出会いを考えるときに、政治史では政治家や官僚に注目しがちですが、兵庫県加西市の歴史を調べた際、幕末の開国後あまり間を置かずに活発な人の移動が始まっていることに驚きました。歴史学は国単位で進められる段階から、国境を越えたワールド・ヒストリー／グローバル・ヒストリーが重視されるようになっていますが、どうしても視角や問いが先行し、現実に数歩遅れます。今を見る上でのノンフィクションやドキュメンタリーの強みと上手に補

ある。いやそれすら法の完全運用には程遠い状態ではないだろうか。
　未だ戦後の日本が敗戦によって、身障者の其処まで手が回らないと云うなら、被害度の同様なドイツにしろ、イタリアにしても、立派に彼の国の身障者の生活は、生活を享受していると言えるものとして、不思議でならないのである。

（中略）

　とにかくパラリンピックは幾多の体験を私達に与え、又心の奥まで浸み込ませてくれた。そしてこの機会に、国民の私達に対する理解度を深めていただきつつある事は、甚だ喜ばしい事である。然しながら、私達は世間の軽い同情を求めるものではない。真剣である。永久にこの大地に2本の足で歩をかまえなくとも、立派に足のかわりの車椅子がある。今後自らをより一層強く持して、将来に期待して、人間として与えられた使命を果すが如く、鋭意努力したいと、この意義あるパラリンピックに参加して、心に確く期した次第である。そして全国の脊損者乃至身体障害者が幸福な明るい生活を笑顔で送れる日の1日も早く訪れる事を、信じたいのである。

い合える作品が書ければと思います。（村井良太）

この手記から浮かび上がるのは、パラリンピックでの体験によって療養所で暮らしていた自らの日々を相対化し、これまで以上に「社会」の方に目を向け始めた彼の姿だろう。

永久にこの大地に2本の足で歩をかまえなくとも、立派に足のかわりの車椅子がある。

という言葉は、一人の「当事者」としてその変革にかかわっていこう、という彼の決意表明のようにも受け止められるからである。

同じく箱根療養所からの参加者で、卓球に出場した長谷川雅巳さんもまた、私からのインタビューで「競技よりも会場の雰囲気や外国人選手たちの姿が印象に残っている」と語った一人だった。

24歳の時にバイク事故で車椅子になった当時の彼は、「あの頃の日本にはまだリハビリや社会復帰という考え方はなく、僕ら自身が療養所で一生を過ごすものだと思っていました」と話している。そんな中、パラリンピックの開催が決まると、療養所の職員から大会へ出場するよう言われた。

「でも、正直に言って恥ずかしくて嫌でしたよ。だって、当時の日本っていうのは、やって来た外国人から『日本に障害者はいないのか』と聞かれていたような社会だった。町には障害のある人なんか誰もいない。障害者はみんな家の中に引っ込んでいた時代だったんだから」

だが、実際に現地に行ってみて印象的だったのは、会場の雰囲気が当初の想像よりもずっと良いものだったことだ。特に好意を持ったのが自衛隊員たちの働きぶりだった。彼らは食堂や競技場の様々な場所で選手たちの手伝いをしていたが、その動きは訓練が行き届いたもので、障害者に対する配慮も感じた。

出場の5年前に怪我を負った彼は、パラリンピックの後の手記にこう書いている。

私は受傷以来5年経ったが、一番コンプレックスを意識しなかったのは選手村の中を車椅子でぶらぶら散歩しているときであった。あの中ではまったく意識しなくとも良かったのであった。そこではわれわれが主役なのであった。将にわれわれの世界であった。水を得た気持ちであった。あの気持ちを一瞬間だけでも感じることが出来たことは、パラリンピックに参加した最大の喜びであった。私は競技よりむしろその方に意義を感じたものだった。

日本に於て身障者が、いつになったらあのような気持ちで社会生活を送れる日が来る事やら。1日もその日が早く来る事を祈るかぎりである。

また、その中で彼は青野さんと同じように、外国人選手たちの振る舞いに衝撃を受けたと話す。

「たしかアルゼンチンのやつらだと思うけれど、バスなんかで移動するときに乗り合わせるわけ。すると、あのチームは本当に陽気でね。どうしてこんなにわいわいと笑って喋りまくるのかな、と思うくらいだった。僕に言葉は分からないわけだけれど、心から楽しそうに、大会をエンジョイしているのが分かるんだ。一方の僕らは怪我をして4年も5年も経っているのに、それでも黙って下向いていているのにね。その違いはちょっと異次元で、びっくりしたよ」

彼はこのときの体験から次のように考えたという。以下の手記の記述からは、彼にとってもパラリンピックという「体験」が、「当事者」として日本社会の課題に向き合うきっかけになったことが分かるはずだ。

私自身も当初は、パラリンピック開催は時期尚早という意見であった。確かに運営面その他種々な点でそういう見方も出来なくはなかった。しかし、私にとってその様な不備不足にも拘わらず、私が参加して、諸外国の選手および役員の実際を見、聞いた事は、又彼等と共に1週間生活をともにした事は非常に尊い、貴重な体験であった。それによって色々な事実を知る事が出来た。人は言う「外国選手は日本のそれと比して、明るく陽気ですらある」と。私は外国選手が明るく陽気でいられる背景を若干知ったのである。実際、暗い陰さんな影はないのである。それはそれなりの理由があるのだ。身障者に対する社会一般の理解がそこにあるからなのである。彼等は暗くなる理由がないのである。彼等は一個の人格として社会から認められているし、従って一人の人間であるという自覚をもっているのである。この辺が日本と違う処だと思う。

もう一人、中村裕のいる別府の療養所から出場した近藤秀夫《こんどうひでお》さんの言葉も紹介しておきたい。後に町田市で日本初の車椅子の職員となり、街のバリアフリー化の計画などにもかかわった彼はいうのである。

「とにかく、笑顔もなくぼそぼそと話す日本人選手と比べて、外国人選手たちは誰もが堂々としていました。その姿を見ていると、日本の施設の職員たちが言う『自立』と、彼らにとっての『自立』との間にはかけ離れた何かがあるんだ、と私は思ったものです。今なら私もその理由が分かる。要するに、社会での生活を自分自身がコントロールしているという自信というのでしょうか。結婚もして、普通の人たちと同じように街の中で生きている、という自信のようなものが、彼らの堂々とした雰囲気の背景にはあったんですね」

こうして5日間にわたったパラリンピックの第1部「国際競技」は閉幕し、翌日からの2日間をかけて第2部である「国内競技」が引き続き行われた。パラプレジア（下肢麻痺）の大会であった第1部に対して、第2部では肢体不自由者、視覚障害者、聴覚障害者の三部門が用意され、46都道府県の代表に復帰前の沖縄と西ドイツの招待選手を加えた487名が競技に参加した。

開会式には第1部と同様に皇太子夫妻が臨席し、二人は競技を興味深く観戦した。快晴に恵まれた2日目には首相の佐藤栄作《さとうえいさく》が織田フィールドに姿を見せ、閉会式でも両殿下がロイヤルボックスで行進する選手たちを見守った。

第2部「国内競技」で障害の範囲が広げられたこと、国内といいながら復帰前の沖縄と西ドイツが含まれたことは興味深いです。第2部の開催には、パラリンピックが職業医師の精神から福祉国家の精神へと転換を遂げていくプロセスを感じます。また、聖火リレーが沖縄を走ったことは復帰に向けた大きな出来事でしたが、「国内大会」への参加はどのような議論が

出場者の回想から分かるのは、彼らが「パラリンピック」の体験によってある種の「目覚め」を得たことではないだろうか。最初は自らの身の上や境遇の不幸を嘆くばかりだったという入所者たちは、大会が終わる頃には一様に「社会」へと目を向け始めている。この劇的な変化は、パラリンピックを日本に持ち込んだ中村裕が、まさに目指していたものともぴったりと重なる。それは同時に、「失われたものを数えるな。残されたものを数えよ」というグットマンのメッセージが、パラリンピックを通して日本人の出場者たちに伝えられた瞬間でもあった。

中村は自著『太陽の仲間たちよ』の中で、外国人選手たちの自立した姿に触れた上で、

日本の社会全体が、「身障者は保護すべきもの」と考えていた。大会関係者の中にも、そういう考え方をする人が多かった。

と書き、こう続けている。

されたのだろうと思いました。沖縄県公文書館で調査すれば何か分かるでしょうか。冒頭の南スーダンの選手の参加とはまた異なる論理があったのだろうと思えば、1964年からの日本の、世界の、現在進行形の変化も感じさせます。

（村井良太）

新幹線が脚光を浴び、高度成長の波がすぐちかくまで寄せていた。東京の街に新しいビルは建ちはじめていたが、マンションという名はまだ一般的なものではなかった。個人のプライバシーという問題も、身近なものではなかった。身障者は保護すべきもので、そのプライバシーなどは論外だった。

しかし、そういう時期だからこそ、〝車椅子の外人〟の明るい姿は、あるはっきりした——生命の尊さ——を教えてくれたように思われた。

以下はその中村が日本選手団の解団式で語った言葉である。

「社会の関心を集めるためのムードづくりは終わりました。これからは慈善にすがるのではなく、身障者が自立できるよう施設を造る必要があります。戦いはこれからです」

翌年に「太陽の家」を別府に設立した中村は、生涯を通じてこの言葉を実践していくことになった。

5 当時の大会が投げかけるもの

そして、最後にもう一つ指摘しておきたいのが、パラリンピックの開催を支えた上皇・上皇后両陛下の果たした役割についてである。この二人もまた、パラリンピック後の日本の障害者スポーツの世界を支え続け、社会変革の「当事者」になっていったといえるからだ。

元侍従長の渡邉充《わたなべまこと》氏は自著『天皇家の執事』の中で、パラリンピック閉会後、関係者を東宮御所に招いた皇太子(当時)の次のような言葉を紹介している。

　このような大会を国内でも毎年行なってもらいたいと思いますし、皆さまもこれから身体障害者の福祉向上のためさらにいっそう努力されることを希望します。

対して出席者の一人で、運営委員会の会長を務めた葛西嘉資《かさいよしすけ》は、国内大会は今後毎年国体のあとを追いかけて開催するようにいたしたいと思っております。

と答えたという。そのやり取りが、現在も続く全国身体障害者スポーツ大会（現・全国障害者スポーツ大会）の始まりとなった。

両陛下はその後も障害者スポーツの発展を見守り、様々な大会やパラリンピック後に始まった車椅子バスケットボールの発展などを陰ながら支えた。上皇陛下は天皇として在位最後の誕生日の際の「お言葉」で、沖縄やサイパンへの訪問、阪神・淡路大震災や東日本大震災などの被災地への思いに触れた後、障害者スポーツについて明確にこう言及している。

障害者のスポーツは、ヨーロッパでリハビリテーションのために始まったものでしたが、それを越えて、障害者自身がスポーツを楽しみ、さらに、それを見る人も楽しむスポーツとなることを私どもは願ってきました。パラリンピックを始め、国内で毎年行われる全国障碍者スポーツ大会を、皆が楽しんでいることを感慨深く思います。

この「お言葉」に込められた思いを受けるかのように、『アナザー1964』におけるインタビューに対し、渡邊氏も次のように語っている。

「上皇后陛下にとってはもちろん、上皇陛下にとっても皇太子としてのご自身の仕事のあり方を模索していた最初の時期に出会ったパラリンピックは、沖縄と同様に大きなものだった。自分たちが何をすべきか、という大きなフォーカスとして見えた、ということだったのではないかと思うのです」

出場者、医療者、「語学奉仕団」と呼ばれたボランティア、そして皇室──わずか5日間という開催期間の中で、当時のパラリンピックに関係した人々はそれに様々な影響を受けた。その中で日本社会に指し示された大きな課題の一つは、日本と欧米の障害者に対する社会の捉え方や環境の違いだった。

1964年のパラリンピックの最も大きな意義は、そうした経験をした出場選手や「語学奉仕団」、中村裕などの医療関係者の中から、日本の障害者を巡る環境を変革しようとする人々が生まれていったことだ。

例えば、日本の選手団長を務めた中村は大会の翌年、閉会式で語ったように、

天皇という存在が国民統合の象徴と新憲法で位置づけられたときに、帝国期から引き継ぐ役割とは別の役割が、このパラリンピックを通して獲得されていったというのが非常に面白いですね。これは推測ですが、昭和天皇そして上皇陛下も、戦争が天皇の名前で行われたことを受けて、傷痍軍人の問題を特別自分のこととして見られており、そのことが深いところで関係していたのではないかと思います。

（村井良太）

日本で初めて障害者の就労支援を行う社会福祉法人「太陽の家」を設立した。語学奉仕団からも数々の人材が育ち、日本の社会福祉政策に大きな影響を与えた人物もいる。また、パラリンピック後、選手たちの多くも仕事を持つようになり、それぞれの形で社会での自立を目指し始めた。

近藤さんのように行政の一員として働き始め、街のバリアフリー化などに影響を与えた人、本格的なバリアフリー住宅を日本で初めて造った女性、車椅子バスケットボールの普及活動をした人もいれば、療養所から集団就職のように就職した工場の劣悪な労働環境を変えるため、労働運動を始めた人もいる。どの場所にも困難な現実が待ち受けていたが、彼らはそれぞれの形でモデルケースのない道を歩み始めたのである。

1964年のパラリンピックのそうした物語を知るうちに、私はそれが社会を変革しようとする多くの人々を生んだ大会であったことを理解していった。大会での経験は彼らの一部を「行動する人」に変え、その影響は「パラリンピック後」の社会に少しずつ広がっていったのだ。

こうしたパラリンピックの歴史を踏まえるとき、そこからは2つの問いが見えてくるように思う。

一つは「いま」に対する問いである。

東京でのパラリンピックは様々な当事者を生み、障害者を巡る環境や政策の最初の変化のきっかけとなった。しかし、前述の長谷川さんは「確かに様々な場所がバリアフリー化されたけれど、一方でこの国の障害者に対する眼差しや心というのは、いったいどれだけ変わったのだろう」と思うこともある、と私に対して語っていた。それはいまの社会に向けての「この国はどれだけ変わったか」という問いであり、当時のパラリンピックによって照らされるのは、そんな「いま」という時代の姿やあり方でもある。

そして、もう一つはその「いま」の先につながる「未来」への問いだ。

当時のパラリンピックの「物語」が教えてくれるのは、日本がパラリンピックの発展に決して少なくない影響を与えたことだった。例えば、パラリンピックの歴史に日本が果たした役割を踏まえるとき、国や東京都が新たな障害者スポーツの国際大会を企画するなど、独自の提案があってもいいのではないか、と私などはふと夢想したくなる。

「2020年のオリパラ」と略されてきた大会の開催は、2年以上にわたって新型コロナウイルスの流行に揺れた。そのとき、マスメディアや為政者の多

政治史の研究者からすると、日本の世界における当事者性をもたせた語り口は、どうしても「日本、頑張った」史観になりがちで難しさがあります。たとえば、日本が第一次世界大戦後の国際連盟設立時に人種平等原則を提案したことは、当時の日本が植民地を保有していた矛盾もあって、やや言いづらさがあります。しかし、政治史とは関係のない人権史などを研究して

くは2つの大会をまとめて語ってきたが、そうした「危機」に際してこそ、2つの祭典がそれぞれに意味や意義を問われる視点がもっとあるべきだったのではないか。パラリンピックにはオリンピックとはまったく異なる歴史と文脈があり、「開催」の意義も「非開催」の理由も本来は異なっているはずだからである。そして、そうした議論のために必要な視座を提供することに、「ノンフィクション」というものの社会的な意味の一つもあることを、私は一人の書き手として信じている。

いる人たちは、「日本が提案したのに、上手くいかなくて残念だった」と正面から書くのです。政治史研究においても、上手い落としどころを見つけて、世界における日本の当事者性をより記述していくことが必要なのではないか、と最近は考えています。(村井良太)

第4章

政治史から振り返る戦後
——1960年代と2020年代

村井良太

私たちはどのように2020年代を過ごし、2030年を迎えるのだろうか。2020年に予定された東京オリンピック・パラリンピックは、コロナ禍(COVID-19のパンデミック)で急遽延期され、翌2021年に行われた。それは2020年代を迎えた瞬間には想像もできないことであった。かくも先を見通すことは難しい。他方で、明日は今日の向こう側にしかなく、今日は昨日の上に成り立っている。本稿では同じく歴史を描くノンフィクションとの対比を意識しつつ、政治史の観点から私たちの近未来を考えたい。

政治史は出来事への接近方法の一つで、単に「政治にかかわる歴史」ではなく、政治学の一分野であり、歴史を通して政治を分析する。それは歴史資料の統合的提示によってある事象や時代の政治外交にかかわる構造的理解、一つのパノラマを提示する営為である。作品それ自体に価値を持つノンフィクションと対比すれば、政治史で重要なのは新事実や新資料の発見を超えた研究上の位置付けである。つねに先行研究との関係が意識され、これまで正しいとされてきた理解（通説）を修正するものもあれば、広げるものもある。論拠は公開され、原典となる史料の信頼性それ自体が問題とされる。★1

こうして政治史は歴史資料を用いた過去の描写であるが、それにとどまらない。一つは書き手の現代性である。歴史家はあるテーマに即して資料を収集し、誠実な分析に努めるが、国際政治学者で外交官でもあった歴史家E・H・カーは「歴史とは歴史家と事実との間の相互作用の不断の過程であり、現在と過去との間の尽きることを知らぬ対話」であると述べた。★2何を問うかを決めるのは今を生きる歴史家であり、新しい時代には歴史を書くための新しい感性が求められる。戦後の日本政治外交史は多く戦争と平和の物語であり、開発の物語であった。2011年に東日本大震災が起こると大規模災害が視野に入った。2020年以降のコロナ禍はさらに新たな視点を与えるだろう。研究者は先行研

E・H・カーのこの言葉は、ノンフィクションを書くに当たっての取材や執筆においても常に意識しています。
（稲泉 連）

究によって鍛えられる一方で、視野を狭められている。それをほぐすのは現代への問いである。

もう一つの現代性は読み手側にある。古い本を読んで意外にも新鮮な印象を受けた経験はないだろうか。歴史家の間では時に「神は細部に宿る」と言われる。細部の描写をゆるがせにしてはいけないという戒めである。大きな解釈が時に時代の流行などに影響を受けるのに対して、細部の描写は時代を超えることが多い。歴史は書かれている以上に多彩色であり、古典と呼ばれる作品は新しい問題意識をもって読むと新しく響くのである。

2021年の現在、「戦後」という言葉が使われてすでに久しい。しかしここでは、政治指導者佐藤栄作《さとうえいさく》の取り組みを中心に、まだ15年から25年しか経っていなかった1960年代を中心に振り返る。1960年の安保騒動を経て高度経済成長はいよいよ本格化し、1964年に東京オリンピック・パラリンピックが開催された。その直後の不況期を乗り越えて再び力強い経済成長局面に入ると、1970年には大阪で万国博覧会が開かれた。それは戦後の終わりが語られ始めた時期であり、戦後の黄金時代とも見られる。しかし、繰り返しになるが、歴史は光も影も含んだ多彩色の世界である。その時代は、これからの

今でこそ、「オリンピック・パラリンピック」と並列に扱われていますが、1964年の段階では、大々的に「パラリンピック」という言葉が使われたのはほとんど初めてでした。そのため、都庁の職員でも担当者以外には、パラ

10年を考える上で、今に何を残し、何を語るだろう。

1 高度経済成長の光と影に応える政治を目指して
――「人間尊重」と社会開発論

1960年代は、10年後の目標に向けた競争の10年であった。それは1881年の明治14年の政変後に政府が10年後の国会開設を約束し、自由民権運動とも競争しつつ目標年に向けて内閣制度や大日本帝国憲法を作っていった過程と似ている。[★3] 1960年に岸信介《きしのぶすけ》内閣（自由民主党）が改定した新日米安全保障条約は安保騒動と呼ばれる大きな反対運動を引き起こし、新条約実現後に内閣は倒れた。そして、同条約が10年間の固定期限を定めていたことで、10年後に再び条約が議論されると見られた。こうして1970年は、条約を擁護する側からも批判する側からも注目を集める目標年となった。

政治指導者として1960年代の競争を担ったのは池田勇人《いけだはやと》と佐藤栄作であった。ともに戦前の官僚出身者で、戦後、吉田茂《よしだしげる》の薫陶を受け、政党政治家に転身した。岸などとは異なり、戦前・戦中に抜きん出ていたわけではなかっ

リンピックが開催されることがあまり知られていなかったそうです。それでもパラリンピックが開催できたのは、日本が繁栄の時代だったことに加え、国政や政治家たちの熱量があったのだと思います。村井さんのおっしゃるように、当時は政治家の周りに傷痍軍人の方々が多くいらっしゃったということも起因しているかもしれません。（稲泉 連）

たことも共通している。1960年の新安保条約を語るには少し時計の針を巻き戻さなければならない。1945年、「民主主義的傾向の復活強化」を謳ったポツダム宣言を受諾して降伏した日本は、婦人参政権実現など民主化を進め、議会制民主主義に依ることが日本国憲法に定められた。外交では長い占領を経て1952年にサンフランシスコ平和条約によって国際社会復帰を果たした。しかし、第2次世界大戦後、時を置かずに始まった戦勝国間の深刻な対立(冷戦)と中国の内戦も重なってすべての交戦国と講和する全面講和は果たせず、アメリカを中心とする西側諸国(自由主義市場経済諸国)との多数講和にとどまった。冷戦下で日本の安全が危惧される中、日本が十分な防衛態勢を整えるまでの暫定措置として講和とセットで結ばれたのが日米安全保障条約(旧)であり、占領軍であった米軍は条約軍として駐留を続けた。

憲法は連合国総司令部(GHQ)によって占領下に起草されたが、デモクラシーまでが占領下に生まれたわけでなかった。それはポツダム宣言の「復活強化」という文言が正しく当てはまる。「憲政常道」と呼ばれ慣行に基づく1920年代の政党政治は失われたが、戦後は首相が国会の多数で決められるなど制度化された。それでも国会はしばしば紛糾し、議会制民主主義は破綻の瀬戸際も感じさせた。冷戦が国内政治構造も規定したことで共産党は一時武装闘争路線をとり、国会内でも１９５４年６月には河井弥八《かわいやはち》参議院議長が議長室から出られず監禁状態に陥った。河井は「日本民主政治生誕の陣痛か、Hitler出づるの好機か」と日記に記した。[★4] １９５５年に共産党は議会に復帰し、また、自民党と社会党の保革対立を基調とする１９５５年体制が生まれたが、国会の混乱は続いた。１９５６年４月、保守合同に反対して無所属議員となっていた佐藤栄作は、「国会の権威も、政党の信用もかくしてなくなるのだろう。民主々義もかくして折角開いたのに又しぼむのだろう。困ったものだ」と日記に記した。[★5] この年の国際連合加盟は全面講和を果たせなかった日本にとって象徴的な意味を持ち、１９５７年に岸内閣が初めて出した外交青書では日本外交三原則の筆頭に国連中心が掲げられた。他は自由主義諸国との協調とアジアの一員としての立場の堅持である。

いよいよ１９６０年代に入ると、池田内閣は「寛容と忍耐」を説いて安保騒動に揺れた岸内閣からのチェンジ・オブ・ペースを目指し、「所得倍増」を掲げて高度経済成長政策に努めた。それは国内の経済開発と占領下に設定された３６０円の円ドル固定レートを前提とする貿易振興を通じてすでに始まっていた高度経済成長を加速するものであった。そして1964年10月にオリンピックが、11月にはパラリンピック（国際ストーク・マンデビル競技大会）が再建された東京で開催された。整備された高速道路や新幹線なども相まって、日本の敗戦からの復興を国際社会に印象づけた。

佐藤は岸内閣で大蔵大臣を務め、池田内閣では経済企画庁長官、オリンピック担当大臣を務めた。1962年11月に「できるだけ高い経済の成長を維持することによって、貧困と社会の不安をなくすることが、日本の政治家の任務であり、政治を安定させる前提だ」と述べたように、豊かさの実現は戦後日本の政治家の責務であると考えていた。[★6] 佐藤は党内で次第に池田と並ぶ指導者と目され、1964年7月の総裁選挙で池田三選に挑戦した。

このとき、佐藤を政策的に支えたのが佐藤オペレーション、通称Sオペであった。産経新聞政治部デスクの楠田實《くすだみのる》は佐藤に協力を申し出、記者仲間の笹《ささ》川《がわ》武男《たけお》、麓邦明《ふもとくにあき》、千田恒《せんだひさし》とともに佐藤派から愛知揆一《あいちきいち》をキャップに迎え、通産省の山下英明《やましたえいめい》（元佐藤通産相事務秘書官）を加えて佐藤が総裁選で掲げるべきビジョンを検討した。[★7]

1964年7月に発表された総裁選挙向けの政策文書「明日へのたたかい

オリンピックと当時のパラリンピックの間に首相の交代がありました。日本の敗戦からの復興を印象づけたのがオリンピックだったとすれば、「人間尊重の政治」を掲げる佐藤のもとでパラリンピックが開かれたことは、一つの象徴的な光景だったのかもしれません。（稲泉 連）

――未来からの呼びかけにこたえて」の冒頭には、「われわれは、今日物質万能の中に埋没した人間の回復こそ政治の使命であると考える。政治の基本はつねに『人間』の尊重にある」と掲げられた。★8 このとき、佐藤は敗れたが、池田の病気退陣で首相に指名される。11月の初の所信表明演説でも佐藤は、「戦後二十年を迎えようとしている現在、国際社会と同様、国内社会も変動と転換の時期に差しかかっております。このような時期に国政を担当するにあたって、私は、人間尊重の政治を実現するため、社会開発を推し進めることを政策の基調といたします」と述べた。★9

ここでは「人間尊重」という言葉に注目したい。この言葉は大正期新思潮の中ですでに表れている。第1次世界大戦後の1923年、アメリカで学び東京市社会教育課長などを務めた大迫元繁《おおさこもとしげ》は戦後の「現代精神」として「人間の尊重」を訴えた。★10 とはいえ、政治の場で広く用いられるようになるのは戦後からで、帝国議会議事録を見れば、敗戦後の1946年になって若林義孝《わかばやしよしたか》(自由党)が民主主義教育を問う中で初めて用い、国会では1950年に西村栄一《にしむらえいいち》(社会党)が西ヨーロッパの原理として「人間尊重」に触れ、ソ連共産党を批判した。★11

戦後の日本で「人間尊重」という言葉は、人道主義やヒューマニズムの表明を超えて、3つの意味で用いられた。第1に、戦前や戦中の国家主義や軍国主義との対比の中で戦後の新たな価値を表す言葉としての使用である。人権の尊重、個人の尊重という意味であり、ヨーロッパ文明に根ざし、人道主義や戦争反対とも結びつく。1954年6月2日、参議院議員の鶴見祐輔《つるみゆうすけ》(改進党)は「この九年間に我々は過去の国家至上主義の思想から解放されて、人間尊重の考え方に転向した」と述べている。この言葉が自衛隊発足に際し海外出動を行わない決議の趣旨説明の場であったことは興味深い。それは反復古の主張である。哲学者の高坂正顕らは江戸時代に人間尊重の精神を探したが、彼らはヨーロッパに根ざす原理が日本の歴史の中にも胚胎していたことを確認しようとした。[★12]この言葉を首相として国会で初めて用いたのは池田であり、1964年1月21日に衆参両院で行った施政方針演説で、暴力を否定して人間尊重の機運醸成を説いた。次が佐藤の先の施政方針演説である。

第2に「人間尊重」は反復古であるとともに冷戦下での全体主義への同時代的批判であり、共産主義批判であった。先の西村栄一の言は共産党批判である。教育者の小泉信三《こいずみしんぞう》は西欧にあってロシアに欠けるものに「人間尊重の精神」を挙げ、「ソヴィエト領域住民の多数が、そこに行われる政治を、人道的なものと感じていないことは、事実であろう」と述べた。[13]

そして第3に、次第に存在感を増していったのが資本主義に基づく高度産業文明への批判としての「人間尊重」言説であった。これも人道主義の新たな展開であるが、高度産業社会における人間疎外の問題や労働現場での個性の喪失などに強い警鐘が鳴らされた。

Sオペは、「明日へのたたかい」の起草過程で、現職池田に勝利するための強力で清新なキャッチフレーズを探していた。それは「社会開発」という看板政策につながるが、楠田は、分かりやすい「人間尊重」「歩行者優先」という言葉を加えたと回顧する。[14]「社会開発」はSオペが国連での議論から取り入れ、総合的な社会保障政策として外交、財政とともに三本柱となり、さらに政権の構想全体を表す言葉として演出された。[15] では社会開発を推進する「人間尊重の政治」というアイディアはどう誕生したのか。

Sオペでの議論を記した資料では、当初「人間回復の政治」と記されている。[16] そして5月5日の「私はこう考える」第1次案では、「保守主義の理念」との小見出しで過去にとらわれる保守主義ではなく未来を志向する新しい理念を議論する中で、「真の保守主義は『自由と人間』の尊重にある」と記され、別に

ノンフィクションの世界では、村井さんがおっしゃる「神は細部に宿る」の「細部」のことを、シーンを獲得すると言うことがあります。たとえば今回の文章にしても、ノンフィクションでは、脊髄損傷の人や、車椅子で過ごしている具体的な人物に注目して表現するため、そこが対比として面白いなと思いました。

（稲泉 連）

「人間不在」という池田政権の経済政策批判にも言及した。[★17] 討議後の第2次案（5月20日）では、小見出しが「自由民主主義の理念」と改められ、「われわれは、今日物質万能の中に埋没した人間の回復こそ政治の使命であると考える。政治の基本はつねに『人間』の尊重にある」と述べられた。[★18]

佐藤は池田の禅譲を期待していたが、総裁選での対決が決まると談話を発表した。その原稿もSオペが作成したが、「国民が求めているのは、原則のない、なれあい政治ではなく、人間尊重と、人間回復の政治であろう」と記され、最終稿では、立候補理由を「わが国の政治を新しい視野に立って見直し、国民とともに進む政治、人間尊重の政治を実現したいと念願したから」と強調した。[★19] それは池田政治批判であり、「人間尊重の政治」は「社会開発」とともに政治用語に投入され、ともに日本政治の指針となっていく。

党内で右寄りと見られていた佐藤はケネディ、ジョンソン両アメリカ民主党政権への親近感を持ち、社会改良に理解があった。楠田は、中道左に演出しようとするSオペの議論を、佐藤が苦もなく吸収していくことに驚かされた。施政方針演説以前の佐藤の国会答弁に「人間尊重」という言葉は出てこない。しかし、後に「人間尊重」という言葉で語られていく住宅問題や交通問題、社会保障問題など個別政策はすでに出揃っており、佐藤の政治思想にも内在していた。分かりやすい言葉で個々の政策に体系性を与え、言葉が与えられたことで、首相自身、政権、与党、そして日本政治を動かしていくのであった。

こうして佐藤政権が当初注目したのは「繁栄の中の新しい貧困」の問題であり、豊かさから取り残された人々のケアであった。それは池田の高度経済成長路線への安定成長論の立場からの批判であり、政権発足直後の証券不況に対しては戦後初の赤字国債発行で対処し、物価安定には特に注意を払った。そして再び高度経済成長が始まる。

1967年3月には経済社会発展計画が策定され、計画に「社会」の文字が入った。8月には公害対策基本法が成立した。経済の健全な発展との調和条項が入ったことが後に佐藤政権の不十分さを象徴すると評判は悪い。しかし、経済発展との調和は社会開発の原資としてこれを政策化したときからの当然の前提であった。まだ経済発展の途上だったからである。日本のGNPは拡大を続け、1966年にフランス、1967年にイギリスを抜いて西側世界第3位となる。しかし、なお一人当たりGNPの低さに注目が集まっていた。

戦時の記憶も佐藤を支えていた。1967年8月25日、佐藤は和歌山市での

「繁栄の中の新しい貧困」というキーワードは、〝いま〟の日本を見つめる上でも様々な視座を与えてくれるものだと感じます。（稲泉 連）

「一日内閣」に出席した。和歌山市は大空襲を受け、佐藤が敗戦時に鉄道局長を務めていた大阪に近い。佐藤は、失われた戦没者を除けば「もはや戦禍の跡を見ることができないほど」であり、「平和国家としてスタートしているこの日本、これを本当に守り抜かなければならない」と述べた。★20

2 高度経済成長期の外交・安全保障
――「雄大な実験」としての経済的大国論

新安保条約が固定期限を迎える1970年が近づく。1967年10月8日、佐藤が第2次東南アジア歴訪に出発した羽田空港でデモ隊内の事故で学生に死者が出た。また帰国直前の20日、師と仰いだ吉田茂が死去した。反対運動は次第に暴力的となり、佐藤は1965年に首相として初訪問した沖縄の施政権返還にますます力を注いでいった。

佐藤は「一国の繁栄」の裏には「一国の安全」があると考えていた。1962年、池田再選に挑戦することを諦め、欧米諸国を回った際の実感であった。さらに一国だけの繁栄を考える時代ではもはやなく、「自分の国も繁栄するが相手も繁栄する、全体に奉仕するという気持のもとに繁栄する、そうでなければいかぬ」と強く感じた。[21]

その中で佐藤は日米関係を繁栄と安全の基盤と考えていた。60年安保で国民の強い反対を受けたために池田内閣は新安保条約の経済面での効用を強く宣伝した。[22]経済面での日米協力であり、安上がりの安全保障論である。佐藤も経済条項は重要だと考えていたが、繁栄と安全が一体である以上、軍事条項の意義もともに国民の理解を得るべきだと考えた。安全は核武装の問題にもつながる。しかし佐藤は、経済の繁栄も防衛も「自分たちでできるその立場において、お互いが提携する」ことが大切で、日本も「いままで十七、八年も防衛らしい防衛を考えなかったものが、いま逆立ちをしたからといって米ソの足元にもよれるはずがないのです。そんな道を選ぶよりも、やはり日本は協力というか、その一員であり、その協力体制をとることが必要なのではないかと思います」と語り、米国の核の傘の下、通常兵器の増強で役割を果たそうとした。[23]佐藤は中華人民共和国の核兵器保有が遅きに失したと考えており、核拡散防止条約への非核兵器国としての加入につながっていく。

このような世界の集団的な繁栄と安全の中に日本の繁栄と安全を見据える中

で、日米関係は長く良好に保たれる必要があり、そのためには米国の施政下に取り残された沖縄の問題は看過できない問題であった。佐藤にとっての困難はそのアメリカがベトナム戦争で消耗していたことであり、戦争への日本国内の批判も強かった。佐藤は役割分担を意識してベトナム戦争には参加せず経済援助を手段とした。これは彼の冷戦観ともかかわり、内政における社会開発論と同じく豊かさによって冷戦に勝利しようとする姿勢であった。

当初、自社2大政党間の政権交代を予想させた1955年体制であったが、10年経ってみれば自民党の長期連続政権であった。一方、地方では革新自治体が広がっていった。共産党か社会党、もしくは両者が推す革新首長である。参議院議員の市川房枝《いちかわふさえ》を取り上げたい。市川は東京都での美濃部《みのべ》亮吉《りょうきち》革新都政実現に尽力し、実現後もかかわりを続けた。市川は参議院での中立議員として売春防止法など女性問題の解決に努めたが、平和問題では1951年時点で多数講和に反対であり、60年安保でも自民党に反対した。

市川は1920年代に婦人参政権獲得運動を率い、政友会と民政党による2大政党政治によってまず地方参政権から、そして国政選挙権も得られる見通しが立っていた。それを根底から覆したのが満州事変の勃発であり、戦争は女性の人権状況を大きく損なった。市川は大日本言論報国会理事であったことなどから占領下で公職追放を受けたが、再び戦争が女性の人権状況を逆戻りさせてしまうことを強く警戒した。市川は日米安保条約が再び議論される1970年に向けて、婦選会館の学習講座で安全、経済、歴史などこの問題を多角的に取り上げた。市川自身は憲法を読めば日米安保条約破棄が結論であるという意見だったが、講座では立場に偏りのない研究者を講師に選んだ。

佐藤は「戦後」が風景の中にもはや見えないと語ったが、社会の中ではまだあちこちに存在していた。婦選会館の講座ももともとは戦前戦中の女子の社会科教育の遅れを補う企図で始まっている。また、少し先の話になるが、市川の戦前来の盟友山高しげりは戦争未亡人による母子家庭の救済に努めたが、1970年代後半には、多くが母子心中にも走らず子も成長して自らの仕事が「一段落した」ことを感じた。[★24] 市川も同じ頃、戦争独身女性から揮毫を求められた。若い時期に戦時期を過ごし、男女比は崩れ、弟や妹の母代わりを務めた者もある。しかも女子労働は定年や給与昇進に男子と差が付けられていた。彼女たちが世代として社会から去る日が近づいていた。後年思い出す高度経済成長期は美しく前向きであるが、最中には先の戦争の残滓も含め様々な光と影があった。

風景の中にある「戦後」とは何か。社会の中に存在する「残滓」に目を向け、そこに本質や課題を見出すのはノンフィクションにとっても大きな意味があることでしょう。（稲泉 連）

ベトナム戦争は日本国民に20年前の戦時生活を思い出させた。親米意識は大きく低下し、反対運動も過激化した。さらに大学紛争が全国に広がった。なぜ豊かな国で学生が暴れるのか。それは豊かさから取り残された人々の問題ではなく、豊かさが生み出す新たな悩みであった。大学紛争はもともとマス教育に大学施設が追いつかなかった高等教育問題であったが、1970年という目標年に刺激されて過激化、佐藤の訪米阻止運動にもつながり、沖縄返還の障害ともなっていく。

沖縄返還交渉は戦争で失った領土を平和裏に取り戻す困難なものであった。米国の同意と現地住民を含めた日本国民の満足を両立させなければならない。ベトナム戦争で疲弊し、国内の分裂を招いていた米国は、日本が世界経済や東アジアの安定に果たす役割を分担するよう求めた。1968年、日本のGNPは西ドイツを抜いて西側世界第2位となった。

他方、日本国内と現地沖縄では核兵器の撤去が大きな問題となっており、非核三原則を示して核抜き本土並み返還というさらに困難な条件を設定した。1969年秋、施政権返還合意ができ、直後の総選挙で自民党は圧勝した。その後もデモは続いたが、1970年、日米安全保障条約は自動延長された。佐藤が期待した安全面での日米関係の意義がどれだけ国民に伝わったかはおぼつかない。

また、日米の役割分担による協力が世界の繁栄と平和に寄与するというのが佐藤の考えだったが、アメリカでは日本の「安保ただ乗り」を批判する議論が出ていた。沖縄施政権返還をともに担ったアーミン・マイヤー駐日大使は、日本の低い軍事費の一方でベトナムではアメリカの若者が多く亡くなっていく中、「大使、本当に戦争に勝ったのはどちらなのかね」と米国議員から問われることがあったという。それでもマイヤーは、「真珠湾の苦い記憶につきまとわれていた多くのアメリカ人は、日本が軍事的な大国として復活することにも、同様な不快さをもって対したことであろう」と記している。[25] 佐藤もマイヤーに「1930年代の記憶が時に脳裏をよぎる」と語ったという。マイヤーは、「日本は巨大な軍事力を持たなくても大国たりうると証明することが、佐藤首相の引き続く〝雄大な実験〟であった。それはまた外国の日本研究家たちが、長期的に見て疑問を抱いた目標でもあった」と述べる。

日米安全保障条約の自動延長は大阪で開催された万国博覧会の期間中の出来事であった。大阪万博は「人類の進歩と調和」を統一主題としていた。佐藤は経済大国となっても軍事大国とならないという日本の姿勢を発信した。中曽根《なかそね》康弘《やすひろ》防衛庁長官のもとで初の防衛白書が出されたが、中曽根は「非核中級国家」と呼んで佐藤から「非核専守防衛国家」に訂正された。[★26] 中曽根はそこに「中級」という言葉を嫌う佐藤の大国主義を感じとった。確かに佐藤は、ニクソン大統領から「世界はいずれ、米国、ソ連、欧州、中共の四つに分れる」と言われると、「核兵器を有しないで、経済発展で平和を追求する国もあることを忘れないでほしい」と述べたという。[★27] また、カナダの首相には「日本は今、経済的に発展するが軍事的なことはやらぬという歴史に前例のないことを行なおうとしている。果してうまくいくかどうか分らぬが、これが憲法の定める日本の道である」とその道の困難さを説いた。[★28] それはユニークな大国論であった。佐藤は1970年秋の国連25周年記念総会で日本国憲法と国連憲章は同じ時代精神の産物として支持すると述べた。そこで示された日本の夢は、国際社会での良き隣人となることであり、25年を経て敗戦の屈辱をすすぐという意識は驚くほどない。

同じ1970年秋には、公害対策基本法が改正され、調和条項が外されるとともに環境庁の新設が決まった。初夏には光化学スモッグの目に見える被害もあった。佐藤は1970年を内政の年と位置付けていたが、内政の充実が対外的貢献の前提であり、相互に一体的であると考えていた。1971年8月6日には、佐藤は首相として初めて広島の原爆慰霊式に参列した。

佐藤政権期は70年安保や沖縄返還など国論を分裂させるテーマを抱えており、「人間尊重の政治」も中身について様々な議論を巻き起こした。さらに政治課題となっても内実を整えるには時間がかかる。社会保障面で言えば、福祉元年と言われるのは佐藤が退陣して田中角栄《たなかかくえい》内閣の初年、1973年である。また、何が人間的な危機であるかは時代に応じて変化する。当初、貧困や公害問題など産業社会面での対応が進んだが、市川房枝は1970年代に入って、戦後実現した女性の権利が女性のために活かされているかを問い直すようになる。以上を踏まえてもなお、「人間尊重」は日本政治の新しい指針として、経済的大国という「雄大な実験」とともに1970年時点での国民合意をなしていたと評価できよう。佐藤は死の前年、1974年にノーベル平和賞を受賞する。またそのときの同時受賞者の縁から人権擁護団体アムネスティ・インターナショナルの会員となった。

吉田茂は敗戦間もない冷戦下で、軽武装・対米防衛依存・経済復興中心の選択を行った。講和と安保の両条約を結んだ1951年の選択である。1960年の安保改定はもともと想定されていた時限的な枠組みを長期化する選択であった。そして米ソのデタントと高度経済成長の進長によって日本の存在も国際環境も1970年にかけて大きく変化した。通商国家を建設したという吉田の再評価が佐藤政権を前にすでに国際政治学者の高坂正堯らによって始まっていたことは、佐藤の選択の露払いとなり、自明視することにもなったと言えよう。

3 その後の50年間の素描——4つの挑戦と現在地

1970年まで敗戦から25年である。その後2020年までに倍の50年が過ぎた。政治史は史料に基づく以上、直近の出来事を扱うことはできない。外交史料には30年という目安があり、2020年12月の外務省資料公開では1989年の天安門事件期の文書が公開された。資料と共に研究者の相互検証も進まなくてはならない。個別の研究では貴重な成果があるとはいえ、政治外交史研究という点では1980年代初頭が一つの前線である。したがって、1970

年からの50年間の歴史検証はまだまだこれからの課題だが、すでに優れた本もあり、それらを手がかりに内政と外交の両面から素描しておきたい。[★29]

佐藤政権が残した非核三原則は二・五原則だったのではないかと言われる。「持たず作らず持ち込ませず」のうち「持ち込ませず」が陸上基地据え付けという点ではそうでも港には入っているという批判である。また佐藤は自衛隊の強化を願っていたが、海外に出ることは考えていなかった。それでも先の敗戦までの日本と比較して、この50年間の圧倒的な継続性が印象的である。[★30] 日本は2009年までGDP世界第2位を続け、日米安全保障条約も1970年に自動延長されたままの状態である。それは平穏だったからではない。1970年に佐藤が自認し、日本政治が選択した経済的大国論はこの50年間で4つの挑戦にさらされてきた。

第1の挑戦は、1973年のオイルショック（石油危機）であった。それは日本にとって経済面での安全保障問題であった。経済的大国はまず経済大国でなければならない。佐藤政権下で起こった1971年夏のニクソン・ショックは日国民に冷水を浴びせ、1972年の時点で国際政治学者のブレジンスキーは日本の繁栄の基礎は脆弱で、何年後かには核武装の選択にも直面するかもしれないと論じた。[31] １９７３年に直面したのは最終的な変動相場制への移行と資源問題であった。日本の高度経済成長は石油危機で止まり、その後は安定成長の時代に入る。資源に乏しい日本は国民への省エネルギーの呼びかけとともに原子力発電に力を入れた。１９７５年には多極化した世界での経済協調を図るサミットに参加し、三木《みき》武夫《たけお》首相は場違いも厭わず民主主義の価値を説いた。戦後復交の大きな山であった中華人民共和国とも国交を回復し、日米安保条約が地域で容認された。１９７９年、さらに第２次石油危機が起こったが日本経済は技術革新によってかえって強さを見せた。安全面では「日米防衛協力のための指針」（ガイドライン）が策定されるなど日米安全保障関係の具体化が進むも、非軍事的な貢献の拡大を模索した。福田内閣はＯＤＡを拡大させ、在日米軍に対しては「思いやり予算」（ホスト・ネーション・サポート）に踏み出した。[32] 米軍の在韓基地撤退問題でも、日本が地域での米国の軍事的後退の穴を埋める意思はなかった。

第２の挑戦は、１９７９年に始まる新冷戦という荒波であった。多様な大国があり得るという経済的大国論はデタントに適した行き方であった。ベトナム戦争後の疲弊したアメリカに対して大平正芳《おおひらまさよし》首相は「共存共苦」を説いた。１

979年末にアフガニスタンへのソ連侵攻でデタントが破綻すると、日本は「西側の一員」としての立場を明確にし、モスクワ・オリンピックのボイコットに加わった。市川房枝の新冷戦を迎えた危機感には強いものがあった。市川は1981年2月に亡くなるが、最後の年賀状に「今年は右傾化が強まりそうだが、民主主義と平和、人権の尊重、男女平等を保障している憲法を支持し、改憲に反対しよう」と記した。[★33] 他方、戦後を代表する評論家の一人清水幾《しみずいく》太郎《たろう》は逆の危機感にさいなまれ、ソ連の軍事的優勢が確立しようとしている中で「平和運動」として日本の軍事力の大幅増強を説いた。[★34] 清水は予想される次の首都圏大震災に戦後の枠組みが堪えられないとも考えていた。

1981年5月の日米首脳会談で「日米同盟」という言葉が初めて共同声明に入ったが、この時期の論争点は非武装中立か日米安保堅持かにとどまらず、日米安保条約を前提にして、ソ連の軍事的脅威に備える（軍事的リアリスト）か、必要最小限度の基盤的防衛力整備に徹する（政治的リアリスト）かの対立でもあった。国際政治学者の永井陽之助《ながいようのすけ》は「今日の非核・軽武装・経済大国という、特異な国際的地位と繁栄の基礎をきずいた功績者」として吉田を挙げ（「吉田ドクトリン」）、「吉田―池田―宮沢」を「保守本流（吉田路線）」の担い手と見なした。[★35]

清水幾太郎は前述のE・H・カー『歴史とは何か』（岩波文庫）の訳者でもあります。（稲泉 連）

ところが、新冷戦はソ連でのゴルバチョフ政権誕生によって5年で再びデタント局面に入った。また、政治体制面では、韓国、フィリピン、台湾と、民主化の「第3の波」が東アジアを覆っていった。豊かで民主的な東アジアという日本にとって同質的な近隣関係が初めて登場した。1989年6月の中国での天安門事件は国民を驚かせたが、その秋以降、冷戦自体が突如終焉し、冷戦の拡大による第3次世界大戦、米ソ両陣営による核全面戦争への巻き込まれの危機は去った。それは米国との協調の正しさを示した。

しかし第3の挑戦は、この冷戦終結と、引き続いて起こった湾岸戦争であった。1980年代、日米間には深刻な経済摩擦問題があったが、安全保障の重要性が対立を抑える方向に働いていた。その安全保障上の重要性が下がる。冷戦で勝利したのは西ドイツと日本ではないかとの声が上がった。より本質的なのは、冷戦下での防衛は東西の陣営戦だが、冷戦が終わると古典的な個別戦に戻る。日本の安全即米国の安全からその論理的結びつきは格段に低下する。さらに中ソ対立も終焉し、中国にとって日米と共闘する陣営戦も終わった。

すぐに現れたのは日本の国際社会での役割を巡る争点であった。冷戦で抑制されていた地域紛争が噴出し、イラクがクウェートに侵攻すると湾岸戦争につながった。日本は、海外派兵せず二度と侵略という過ちを繰り返さないことが国際社会への貢献であると考えてきたが、それでは済まなかった。増税までした90億ドルの支援は、人命を金で買う行為であるかのように批判された。これまでの日本が「一国平和主義」ではなかったかと国内の政治混乱を引き起こしながら自衛隊の海外派遣に踏み切り、ＰＫＯ法案を作ってカンボジア復興に自衛隊を参加させた。

佐藤は、吉田が大国時代の日本を知っているのでその感覚でＧＨＱとの折衝を求められて困ったと回想していたが、佐藤の１９７０年の構想も中曽根康弘が感じたようにもう一つの大国主義であり、「平和大国」論は福田赳夫《ふくだたけお》にも共有されていた。ところが湾岸戦争への対応は日本外交にトラウマを残し、これまでと異なる「普通の国」となることが主張された。日本は冷戦後の新たな国連像を掲げて常任理事国入りを目指したが、他方で武村正義の『小さくともキラリと光る国・日本』という書名が示すように、日本国内の意識の分裂が入口で機会を奪った。小さい国というのは事実の上で誤りだが、自画像の設定は重要な問題である。自民党と対峙し、非武装中立を説いてきた社会党は自民党と連立内閣を組むと一転して自衛隊容認、日米安保堅持を打ち出した。

ＰＫＯ法案によるカンボジアへの派遣では、文民警察官が戦闘によって亡くなりました。そのテーマを取材した『告白――あるＰＫＯ隊員の死・23年目の真実』はノンフィクションの傑作です。（稲泉　連）

歴史認識問題も冷戦後の日本政治を揺さぶった。第２次世界大戦の和解問題の再燃であり、冷戦終結はヨーロッパでも東アジアでも歴史認識問題を先鋭化させた。冷戦や中ソ対立の最中ではより差し迫った危機があり、貧しさも日本の必要性を高めていたが、それぞれの現地社会の変化もあり、１９９２年１月の宮澤喜一《みやざわきいち》首相訪韓時には慰安婦問題が顕在化した。佐藤が薫陶を受けた吉田茂が軽武装、対米防衛依存、経済復興中心を選択したとき、それは単なる安上がりの防衛を志向したわけではなく、国内では民主的軍隊建設への時間稼ぎと東アジア地域での戦後の和解が念頭にあった。[★36] 東アジア地域での和解問題の再燃は経済的大国路線の適切性を確認するものであろうか、それとも軍事大国化しなかった代償だろうか。それは向かい合い続けるべき問題であり、軍事大国であれば周囲が沈黙するという問題でもない。日本政府は１９９５年の村山富市《むらやまとみいち》首相談話で植民地支配と侵略への反省を確認し、２００５年の小泉純一郎《こいずみじゅんいちろう》首相談話、２０１５年の安倍晋三《あべしんぞう》首相談話で受け継いできた。

そして第４の挑戦は、１９９５年頃から顕在化し、現在に続く自国の安全を巡る危機である。１９９４年に北朝鮮核危機が起こると米国は戦争を決意したが日本が何もできないことに両国担当者は震撼した。１９９６年には台湾海峡危機が起こり、中国の経済的台頭が軍事的台頭の意思と実態をともなっていたことを知らされた。このような周辺環境の悪化を受けて1997年に新日米ガイドラインが結ばれた。2001年9月に起こった米国同時多発テロ事件後には日本はテロ対策特別措置法を成立させ、インド洋に自衛隊を派遣した。その一方で、日米安保体制は沖縄返還後も長く沖縄に基地負担を集中させせてきており、その問題も顕在化し、解決を見ていない。

経済でも冷戦終結と時を同じくしてバブル経済がはじけ、失われた10年、20年と呼ばれる困難な時期を迎えた。2010年にはGDPで中国に抜かれ、以後差が開く一方であるが、何より就職氷河期と言われた若者雇用への深刻な打撃は長期にわたっている。1995年の阪神・淡路大震災ではボランティア元年と言われるように公助と結びつく共助が働いた。それは清水幾太郎の悪夢の一つを事実によって打ち消すものであった。しかし、地球規模での気候変動の影響は自然災害を凶暴化させるだけでなく、2011年には東日本大震災が起こり、未来のエネルギーと謳われた原子力発電所の事故をともなった。このときには日米安保が災害対応に機能した。しかし、同年に尖閣諸島で起こった日中対立は先鋭化、恒常化し、2014年、日本政府は集団的自衛権の解釈を閣議決定で変更し（限定的行使の容認）、安保法制を定め、日米防衛協力の実効性を高めた。もとより安全を高める方法は一つではなく、複合的である。2020年のコロナ禍も自国の安全を脅かすもう一つの緊急事態として、日本の議会制民主主義に挑戦を続けている。

4 戦後日本の「マッドル・スルー」

1970年から約8年間防衛大学校長を務めた社会民主主義者の猪木正道は、日本の属する自由主義的民主主義の特徴の一つは「マッドル・スルー（muddle through）」であるという。[★37] それは、試行錯誤をともなう経験的知恵を重んじ、泥の中をもがきながら前進するようになんとかやっていく姿勢である。佐藤もまた、冷戦を日々の豊かさや生活をめぐる競争と位置づけ、大学紛争の過激化には強硬な対処を求める声を退け、沖縄返還では分断の克服を喜んでくれると考えていた沖縄住民からの基地をめぐる批判に悩みつつも、未来に向けたそのときの最善に努めた。

ここ50年の変化は、1970年の日本の否定であり、さらには戦前（戦中）回帰を強めているのだろうか、それとも変わらないために変わる行為であったのだろうか。冷戦終結からの内外環境の変化は特に著しい。本稿で論じてきたことは1960年代の日本が黄金時代と呼べるような単色の世界ではないこと、そしてその中で選ばれたことを今に至るまで問題を抱えながらもなんとか続けているということである。2020年代の模索もその延長上にある。

近年、「災後」や「ウィズ・コロナ」といった言葉が存在感を増しているが、「戦後」という言葉は今も生き残っている。「戦後憲法」というが、憲法が改正されれば戦後は終わるのだろうか。もとより日本国憲法の根幹である人権・統治機構が本質的に変化すれば同じ時代とは言い難い。いつか憲法が明文で改正される際には、それが戦後の蓄積を破壊するための変化なのか、戦後の蓄積を尊重するための変化なのかを注意して見定めなければならない。

最後に私たちの近未来にとって、政治史（歴史）は何を与えてくれるのかを論じておきたい。第1に現代を相対化する手がかりとなる。私たちは自身の経験、すなわち現在を過大視しがちだが、歴史の中には異なる視点が満ちている。現在、愛国心ということが世界的流行であるが、1970年頃の日本では愛国心

当時の新聞の社説を読むと、「いつかまともな国になって、自ら立派な憲法を持ちたいものだ」という主旨の論説をよく目にしま

の涵養ではなく、愛するにたる国づくりが政府の役割として論じられた。その視点は今も重要ではないだろうか。私たちは一つの人生しか生きられないが、歴史書を読むことでたくさんの生涯や視点に接することができる。

第2に時間の蓄積には意味がある。長い歴史の中には厳しく問い続けるべき過去もあれば、私たちに示唆を与える成功例もある。歴史は明日を生きる上での反省ともなれば糧ともなる。社会学者のエズラ・ヴォーゲルは、日中対立が深まるなかで、中国経済の成長に将来の犠牲を厭わず献身した日本の経済人の様子を描いた。★38 国家関係には満ち引きがあっても事実は変わらない。どの事実に注目するかである。また、戦前日本のデモクラシーは長持ちしなかったが、戦後の民主政治の安定に寄与した。時間をかけないとできないこともある。日露戦後の帝国日本はすでに世界の先進国の一つとして国際社会の中で有為な人材を時間をかけて育てていたが、軍の突出を統制できなかった日本政治が始めた戦争で多く失われ、残った者たちが戦後を作った。1970年以降の日本は50年間、困難に遭いながらもマッドル・スルーしてきた。その間に育ってきた人々は世界の中でどのような日本を、世界を作っていくのだろうか。

そして第3に、歴史、なかでも現代史が人々を結びつける共感の基盤となる

す。戦後しばらくは、右派左派に関係なく、「国を愛せというのであれば、愛するような国をつくれ」というようなやりとりが残っていました。
（稲泉 連）

ことを期待したい。筆者は２０１０年頃にセルビア出身の高齢女性と知り合う機会があったが、彼女が時に言葉少なに語る思い出は冷戦後の旧ユーゴスラビア地域の歴史を知っていることでよりよく理解できる。日本の中ですら私たちは様々な記憶を胸に人々と社会を作っている。それぞれに固有の歴史があるが、共通の歴史も理解の一助となるだろう。それは人々の協働と共感を支える基盤となる。

コロナ禍の東京で開催されたアスリートたちの祭典に続いて２０２５年には万博も再び大阪で予定されている。そこではいかなる日本と世界の現在と近未来が示されるだろうか。東京オリンピック・パラリンピックは1年延期されたが、東京オリンピック・パラリンピック２０２０という呼称は維持された。一方、メディアでは「東京オリンピック・パラリンピック２０２０＋１」という表現も見られた。「＋1」とは1年延期以上に何が加えられたのだろうか。その先に次の大阪万博はある。それもまた、将来の政治史の検証対象となるだろう。

注

★1 より広い読者を想定する場合には注記が簡略化されたり、なかったりすることもあるが、研究者同士では常に出典が意識されている。

★2 E・H・カー『歴史とは何か』清水幾太郎訳、岩波新書、1962年、40ページ。

★3 通史的理解は、清水唯一朗・瀧井一博・村井良太『日本政治史——現代日本を形作るもの』(有斐閣、2020年)を参照。

★4 尚友倶楽部/中園裕・内藤一成・村井良太・奈良岡聰智・小宮京編『河井弥八日記戦後篇3』信山社、2018年、484、493ページ。

★5 佐藤栄作/伊藤隆監修『佐藤栄作日記［第1巻］』朝日新聞社、1998年、296ページ。

★6 佐藤栄作『繁栄への道』周山会出版局、1963年、10ページ。

★7 楠田實(和田純編・校訂/五百旗頭真編・解題)『楠田實日記——佐藤栄作総理首席秘書官の2000日』中央公論新社、2001年、861-863ページ。

★8 和田純編『オンライン版 楠田實資料(佐藤栄作官邸文書)』丸善雄松堂、2016年(以後、『楠田資料』と略す)E-2-6「明日へのたたかい——未来からの呼びかけにこたえて」。

★9 国会会議録検索システム(https://kokkai.ndl.go.jp/)を参照。

★10 大迫元繁『青年に訴ふ』実業之日本社、1923年、41ページ。

★11　帝国議会会議録検索システム（https://teikokugikai-i.ndl.go.jp/）と前掲国会会議録検索システムを参照。以下、同じ。

★12　高坂正顕編『近世日本の人間尊重思想〔上・下〕』福村出版、1968年。猪木正道『人間尊重のために――西欧に学ぶもの』河出書房、1955年も参照。

★13　小泉信三『小泉信三全集〔第10巻〕』文藝春秋、1967年、300ページ。初出は1951年刊の『共産主義と人間尊重』。

★14　楠田實『首席秘書官――佐藤総理との10年間』文藝春秋、1975年、29ページ。楠田前掲『楠田實日記』864ページも参照。

★15　村井良太「『社会開発』論と政党システムの変容――佐藤政権と70年安保」『駒澤大学法学部研究紀要』71号（2013年）5ページ。

★16　『楠田資料』E－2－100「「理念　わたくしの考え（腹案）」」。

★17　『楠田資料』E－1－17「『私はこう考える』共同討議のための第一次案」。

★18　『楠田資料』E－1－22「『私はこう考える』第二次案」。

★19　『楠田資料』E－1－41「立候補前後の心境（池田・佐藤会談後）」（談話）、E－1－43「談話」。

★20　村井良太『佐藤栄作――戦後日本の政治指導者』中央公論新社、2019年、211－212ページ。

★21　佐藤前掲『繁栄への道』49、181ページ。

★22　吉次公介『日米安保体制史』岩波書店、2018年、50ページ。

★23　佐藤前掲『繁栄への道』66ページ。

★24　村井良太『市川房枝――後退を阻止して前進』ミネルヴァ書房、2021年、237、290ページ。

★25　村井前掲『佐藤栄作』342-343ページ。

★26　村井前掲『佐藤栄作』306-307ページ。

★27　村井前掲『佐藤栄作』302ページ。

★28　村井前掲『佐藤栄作』302ページ。

★29　田中明彦『安全保障――戦後50年の模索』読売新聞社、1997年、吉次前掲『日米安保体制史』、宮城大蔵『現代日本外交史――冷戦後の模索、首相たちの決断』中央公論新社、2016年、宮城大蔵編『平成の宰相たち――指導者一六人の肖像』ミネルヴァ書房、2021年。

★30　第1次世界大戦の戦勝国であり1920年の設立時に国際連盟常任理事国となった日本は、1933年にはその特権を放擲して自ら脱退を宣言した。また、1928年に政党内閣のもとで不戦条約を結んだ日本は、10年後の1938年には政党政治を否定した政府のもとで日中戦争と国際的孤立の中にあった。敗戦にはさらに7年が必要であったことを考えてもその変化は著しい。

★31　Z・ブレジンスキー『ひよわな花・日本――日本大国論批判』大朏人一訳、サイマル出版会、1972年。

★32　福田の構想は、五百旗頭真監修／井上正也・上西朗夫・長瀬要石『評伝福田赳夫――戦後日本の繁栄と安定を求めて』岩波書店、2021年が詳しい。

★33　村井前掲『市川房枝』302ページ。

★34　清水幾太郎『日本よ国家たれ――核の選択』文藝春秋、1980年、240

ページ。清水はソ連の軍事的優勢によって、アメリカの軍事的優勢を前提とする「古い戦後」が終わり、「新しい戦後」が始まるという(同、251ページ)。

★35 永井陽之助『新編　現代と戦略』中央公論新社、2016年、60、78ページ。

★36 中西寛「敗戦国の外交戦略——吉田茂の外交とその継承者」『第2回戦争史研究国際フォーラム報告書』防衛省、2004年。

★37 猪木正道『ふたつの民主主義』(IDE教育選書、1960年)1-6、10ページ。

★38 エズラ・ヴォーゲル『現代中国の父　鄧小平［上巻］』益尾知佐子・杉本孝訳、日本経済新聞出版社、2013年、457ページ。

encore

1964年のパラリンピックの開催には現在ほどお金はかからなくとも、ほとんど初めての公式な開催だったゆえに、反対の声も大きかったと思います。それでも、経済開発のイメージのある池田勇人も「人間尊重」という言葉を使っているように、政治家も当事者性をもつように変化していったからこそ、パラリンピックの開催が実現できたのだと分かりました。私は中村裕という個人に焦点を当てつつ、1964年のパラリンピックを振り返りましたが、人々の意識の変遷という意味では、村井さんと私で書いていることは似通っていることが興味深かったです。

また、佐藤栄作が「繁栄の中の新しい貧困」という言葉を使っていましたね。日本が今後豊かになるかどうかは分かりませんが、これから使われる場面が増えていくと思いますし、繁栄を語る上で注意を向けるべき点だと考えています。障害者スポーツに関しても、特に日本では、「障害者スポーツ＝パラリンピック」となっていて、施設も限られ、障害をもつ人たちが普通にスポーツを楽しめる社会にはまだまだ遠い現状です。そのため、2030年の障害者スポーツを見据えるなら、それに向けた当事者性が必要になっていくのかなと思いました。

稲泉 連

encore

文章の心地よさや場面設定の巧みさに、あらためて流石ノンフィクション作家だなと思いました。特にアメリカの歴史学科では、ストーリーテリング（＝ストーリーとして伝える力）が重んじられていて、そうした意識は日本の政治史にも必要だと実感させられました。

また、視点としての歴史の意義が再確認できました。今回の論考で言えば、当時の災害は、戦災から復興期の労働災害、さらに交通事故や公害など別の災害に移っていった時期で、普通に生活しているとそれは分からない。だけれども、時期を切り取ることで、気づいていなかったものに気づかせてくれる。それは間違いなく歴史の意義だと思います。

一方で、歴史が誤用（一面化や政治利用）されるケースもあります。最近のロシア政府など、現在では敗戦国よりむしろそれ以外の国に問題を感じます。敗戦国では、国際的に第一次世界大戦後のドイツの教訓から、歴史は書き換えちゃいけないという意識が大事にされてきました。けれども、日露戦争後の日本のように、戦勝国の歴史、新興国での語りも重要です。

最後に、私は共通の歴史が「人々の協働と共感を支える基盤となる」と書きましたが、そこには当事者性が欠かせないのだろうと思いました。冷たい事実だけではなくて、具体的な人物たちがいかに物語をつくっていったのか。稲泉さんの論考は、その重要性に気づかせてくれたと思っています。

村井良太

第III部

「欲望」が回す2030年の「パノラマ」

空間の回し方

第Ⅲ部は、空間がどう未来に向けて変わっていくかがテーマである。「つい昨日」の都市空間が「ほんの明日」に向けて変わりゆくのだとすれば、その先に何を見通せるだろうか。

饗庭さんは、まちづくりのコンペで提案されるカフェやたまり場を設けるというアイディアが「経験の檻」にとらわれているのではないかと疑問を投げかける。経験を読み替えるには、「反転」させてみることだというのである。

他方、牧原は、生活空間ではなく、国土であるとか、世界のフラット化といった生活臭の抜けた空間イメージから政治のあり方がどう変わりゆくかを展望する。パノラマというセットは回りめぐる景色の絵柄を楽しむ見世物だが、2030年に向けて、空間の見渡し方が変わりつつあるのではないか。饗庭さんの言う「反転」に対する「回転」である。またその作り手も、手の込んだ演出ではなく、自然発生的に人が思い思いの形で集まるカウントダウンイベントのようになるのではないかとも見通している。

新型コロナウイルスの感染拡大が長期化する中で、まちづくりも政治の空間も「SDG」のような新しい発想が必要だし、メディアの使い方によって彩りも変わる。またストーリーは行きつ戻りつの反転を繰り返すのか、はたまた軌道を惑星が周回するように回転し続けるのか。様々なアイテムを含む「空間の回し方」をここでは考えてみたい。

（牧原 出）

第5章

退場する都市空間と「国土の身体化」

饗庭伸

1 「未来を考える」意味

新年になると新聞に「未来を考える」という特集が組まれることがある。お正月の雰囲気とも相まって、それを楽しい経験と捉えている人も多いだろう。そして、そこで示された未来の予想が外れることも、多くの人が経験したことである。未来を考えるためには、例えば有望な新しい技術を発展させるとどうなるのか、子供たち100人に聞いてみた未来を合計したらどうなるのか、将来人口から必要なものを導き出したらどうなるのか、といった具合に、何らかの関数とデータが定められ、客観的な手付きで未来が描き出される。有効な関数と質のいいデータを定められれば予想は外れないわけだが、いうまでもなくそこには限界があるので、たいていの予想は外れてしまう。しかし競馬の予想と違って、未来の予想が外れて怒っている人についぞ出会ったことがないので、つまり人々は「未来を考える」というある種の「見世物小屋」に参加しているわけである。

ではなぜ未来を考える必要があるのか。なぜ人々はいくばくかの対価を支払って「見世物小屋」に集まるのか。それは未来を考えることが、それを考える人のそれぞれが、明日や1週間後、1カ月後や1年後に踏み出す次の一歩を、よりよい方向に向けるための思考実験であるからである。どうも情報化社会というものが来るらしい、という予感に基づいて1960年代の若者は就職活動をしたはずであるし、90年代にインターネットが世界を変える、と確信した人は投資先を通信会社に変えたはずである。いわば時代の大まかな方向感をつかむために「見世物小屋」はある。

関数とデータはどんどん公開されつつあるので、未来を考えることは、御神

「見世物小屋」は「参加」するところであり「集まる」ところだというのは面白い視点です。インチキくさくもあるニュアンスだからこそ、人は集まるのでしょうか。（牧原 出）

託のように上からもたらされるものではなく、それぞれの人が独自に関数とデータを組み合わせて考える、個人的な行為になっていくのだろうし、そうあるべきだと思うのだが、一人で考えるにせよ、それと対置させる共通の物差しのようなものは持っておきたい。そして何よりも多くの人が集まる「見世物小屋」は、居るだけで楽しい気持ちになるものである。本稿は２０２０年の時点に立って、少し先の未来の予測を描きこんでみることとしよう。

2 リセットなき76年目

２０２０年という年は不思議な年で、我が国の近代化における大事件である１８６８年の明治維新からはほぼ１５０年目、そしてもう一つの大事件である１９４５年の敗戦から75年目の節目に当たる。明治維新も敗戦も、それまでにあった経済の仕組み、政治の仕組み、社会と文化の仕組みを断絶的に変化させる、いわばリセットであった。つまり私たちはこれまで75年ごとにリセットを経験してきたわけである。もしそこに必然的な周期があるのだとしたら、２０

第二次世界大戦後、最大のリセットは社会主義体制の崩壊でしょう。西側

20年にまたリセットがあるのではないか、筆者はそんな根拠のない予見を持っていたのだが、結局のところリセットは起きなかった。

「リセットは起きなかった」という見方には反論があるかもしれない。人口減少社会が始まったではないか、オリンピック・パラリンピックがあったではないか、そして新型コロナウイルスが社会をおそったではないか。

ここでリセットの意味を明確にしておこう。75年前のリセットで起きたことは、まずは大きな事件に対しての国レベルの「動員」である。一つの事件にほぼすべての人が巻き込まれ、その解決のために強制的、自発的を問わず様々な資源が動員された。そして次に起きたことは事件の「失敗」であり、その失敗に対する新しい為政者による古い仕組みの「解体」であった。この「動員・失敗・解体」をリセットの条件と考えると、大震災も、オリンピックも、新型コロナウイルスも今のところ動員の経験はあるものの、失敗かどうかがはっきりとせず、解体は起きていない。そのいずれも既存の仕組みを解体せず、それを使って事件を解決しようとしているという点においてリセットではないのである。

本稿の執筆時点で新型コロナウイルスの行く末はまだ明らかになっておらず、

先進諸国では、なかなかリセットとはならなかったように思います。EUのような国家を超えた秩序に入らなかった日本は、その中でも特にリセットから縁遠かったと言えます。（牧原 出）

もしかしたら明らかな失敗が共有され、何かが解体されるかもしれない。そうなったらリセットではあるが、私たちがこの75年間かけて作り上げてきた仕組みは、想像以上に鈍く、その鈍さに比例するようにしぶとい、ということも、75年目に明らかになったことである。

つまり、私たちは300年続いた江戸時代以来、実に久しぶりに「リセットなき76年目」を迎えている。このリセットなき76年目にふさわしいやり方で、未来を考えてみることにしよう。

3　重い関数と軽い関数

未来を考える関数には3つの種類がある。重い関数、軽い関数、撹乱する関数である。変わりにくい関数、変わりやすい関数、予想がつかずに撹乱的に機能する関数と言い換えてもよい。都市を例にとってみると、めったに見直されずゆっくりと都市空間を整えていく都市計画は「重い関数」、自動車の技術のように日進月歩で変化するものは「軽い関数」、突然発生して2つの関数に影響を与える災害は「撹乱する関数」である。

　未来の予測はこれらの3種類の関数のどれかを選んで組み合わせ、そこにデータを代入して作られる。読んでいてわくわくする、楽しい未来予測は、軽い関数の組み合わせだけで作られていることが多い。例えば、文部科学省が1971年から約5年ごとに行っている「科学技術予測調査[★1]」は、今後30年間で実現が期待される科学技術の実現時期や重要性を専門家に対するデルファイ調査で予測するものである。その最新版である「第11回科学技術予測調査」の報告書では、例えば電動パーソナルモビリティが2026年に、高齢者シームレス交通システムが2028年に、インフラから独立した住宅地が2029年に、インフラフリーの自立型建築が2036年に実用化するのではないかと予測されている。この結果を引用した『令和2年版　科学技術白書』では、これらの技術が実現した「2040年の社会イメージ」として「人間性の再興・再考による柔軟な社会」という言葉とともに図のような未来像が紹介されている（図表5-1）。

　この未来像は見世物小屋として楽しいものであるが、現在の都市の延長にこのような都市空間があらわれるはずもないことも明らかである。「こんなにうまくいくはずがない」と考えるときの脳裏にあるものが「重い関数」である。技術が高価すぎてすべての人に行き渡るには時間がかかるのではないか、どんなに素晴らしい技術があってもそれを政府が導入できないのではないか、うちの頑固なお爺ちゃんがこんな車に慣れるとは思えない……など、現行の市場の仕組み、政府の仕組み、家族の仕組みなどが脳裏にあらわれ、それらと軽い関数が組み合わされて「こんなにうまくいくはずがない」と考えてしまうわけである。この軽い関数で実現される明るい未来を頭の片隅に置きつつ、もう一つの重い関数について考えていくこととしよう。

図表5-1 2040年の社会イメージ（『令和2年版 科学技術白書』より）

4 「3つの仕組み」がズレた空間

戦前期の日本の近代化を「跛行的な近代化」と分析した富永健一《とみながけんいち》は、明治維新以降の日本の近代化は経済的近代化（産業化）だけが先行し、政治的近代化（民主化）が遅れ、社会的－文化的近代化（自由・平等と合理主義の実現）が一層遅れていたとする。★2 富永は近代化を「経済」「政治」「社会と文化」の3つの仕組みにわけて捉える。そして明治維新のリセットによってそれまで渾然一体としていた3つの仕組みが同時にリセットされ、それぞれが3つの仕組みに仕分けられた。その後の近代化の速さは仕組みによって異なり、そのズレが「跛行的な近代化」の原因となったということである。

富永は「伝播可能性」という言葉を使って、仕組みごとの近代化の速さの違いを説明する。経済的価値としての産業主義は最も伝播可能性が高く、政治的価値としての民主主義は伝播可能性が低い、社会－文化的価値としての自由・平等と合理主義はさらに一層伝播可能性が低いとする。これは日本の近代化の分析から析出された原理ではあるが、3つの仕組みのこれからの変化を占うときにも大きな示唆となる。

確かに筆者が専門とする都市計画のことを考えてみても、商業空間の進化や新陳代謝が速いこと（例えば郊外のモールが商店街を駆逐してしまった）に対して、住宅の進化や新陳代謝が遅い（住宅は40年程度のスパンでしか建て替えられないし、伝統的な日本家屋に暮らす人もまだ多くいる）ことは、「経済」と「社会と文化」の伝播可能性の速さの違いで説明でき、2000年代以降の地方分権で整えられた都市計画への住民参加の仕組みが十分に使いこなされず、代わってディベロッパー主導とでもいうべき状況が出現しているのは、「政治」と「経済」の速さの違いで説明できる。

そしてリセットなき未来において、これまで作り出されてきた仕組みと、そのお互いの関係が継承されるようにして3つの仕組みは進化し、その合算として社会は変化していく。富永は高度経済成長期以降に経済の仕組みが他の2つの上位に躍り出たとするが、筆者は確かにその傾向は強くあるものの、経済の仕組みがすべてを先導するわけではなく、3つの仕組みそれぞれが75年分の成熟を得て、お互いに影響を及ぼし合いながら、悪く言えばお互いの足を引っ張り合いながら進化を続けていくのではないかという見立てをしている。この

「リセットなき76年」から「リセットなき未来」を見通すところが「なるほど」と思います。案外そこに希望の芽があるというわけですから。（牧原 出）

「足を引っ張り合いながら変化していく3つの仕組み」が重い関数の正体である。

例えば都市開発は民間のディベロッパーの主導によって動いているように見えるが、順調に進んでいるように思われた開発が政治に邪魔をされることもあるし、土地所有者との交渉に膨大な時間を使い、その結果が開発された空間に大きく影響することもある。東京の都市開発の速度や規模は、ドバイや上海に遠く及ばないのであるが、それは2つの都市に比べて3つの仕組みが緊張関係にあり、足を引っ張り合っているからである。

とはいえ、そこには引っ張り合ったが故の新しい価値が生まれていることも確かである。例えば東京の市街地は人口減少時代にあっても広がり続けている。それは古くなった市街地において「社会と文化」が「経済」に抗っており建て替え更新が進まないからであるが、一方でそこにある空き家や空き店舗を使って、若い芸術家が面白い活動を展開していたりもする。こうした、3つの仕組みがズレた空間に、未来を能動的に変えていく場所が出現しているとも言える。

ではこれからの都市の中に、そのズレはどのように表出してくるのか考えを進めていこう。

5 反転する人間と空間の関係

明治維新から現在までの150年間の都市空間の変化を簡単な図で説明してみよう(図表5-2)。縦軸は人口の多寡であり、横軸は都市空間の大小である。明治維新から人口が最大の2008年まで、日本には1億人の人口が増えたわけであるが、明治維新の直後に1億人分の新都市が建設され、そこに順番に人々が入居していったわけではもちろんない。増えた人口がつねに都市に押し寄せ、都市の側は追い立てられるようにその空間を増やしていった。つまり人口が先にあり、空間がそれを追いかけるという歴史であった。人口が先に増えすぎてしまうと、そこには密集したスラムが形成されてしまう。スラムは伝染病の温床になるし、火災や地震にも危険である。生命の危機につながるため、都市計画はそれを解消するためにはたらき続けてきたのである。そして、たった今の日本中のあらゆる都市にス

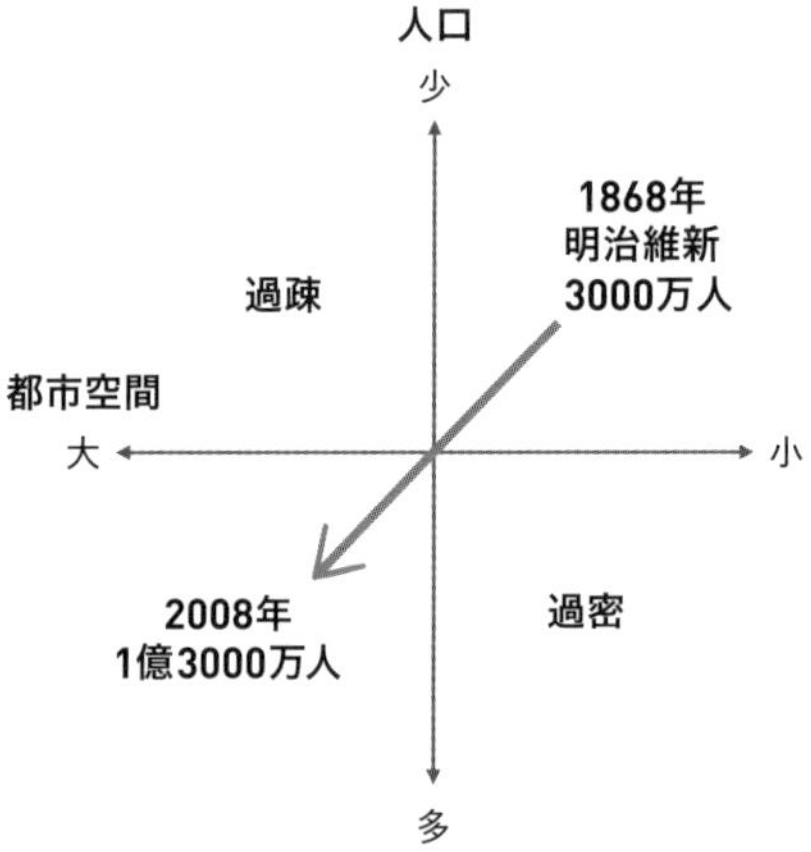

図表5-2 人口と都市空間の関係

ラムが見当たらないことから分かるように、私たちはなんとかスラムを残さずに150年間を乗り切ったのである。

人口が減り始めるこれからの未来では、この人口と空間の関係が反転する。人口を追いかけるように空間が作られるのではなく、人口が先に減少して空間が残されていく。空き家や空き地があちこちで増加しているというニュースにふれたことはあるだろう。未来都市というと、高速道路でつながれて自動運転車が走り回るような姿を思い浮かべる人も多いかもしれないが、残念なことにそんな未来都市はディズニーランドのようにしか実現しない。大半の未来都市は、現在の都市の空間のあちこちから少しずつ人が退場し、空いた空間があちこちに散在するという姿をしている。都市の土地は細かく分かれて私有されているため、空いた空間のそれぞれは小さく、そして所有者のそれぞれの人生にあわせてバラバラのタイミングで空いていく。あちこちに小さな穴があいていくように都市が縮小するこの現象は「スポンジ化」と呼ばれる。

ではその未来都市において人間と空間の関係はどのように変化していくのだろうか。人口が増え、都市が拡大していた頃は、空間は、増え続ける人々の未来への思いや欲望を後追い的にサポートするものであった。都市でよい仕事に

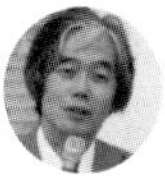

縮小という言葉を使うと、人口が中心部に移動していくイメージを抱きますが、実際は誰も移動することなく、都市の中に後背

就きたい、家族を持ちたい、庭付きの住宅に住みたい、住宅には車庫と子供部屋と書斎が欲しい……。こうした欲望は生得的に持っていたものではなく、後天的に喚起されたものも少なくないが、いずれにせよその欲望を読み取り、少し先回りをしながら空間が開発されていったのである。

しかし、人口が減少していく時代においては、その関係が逆転する。時間が経てばたつほど、都市には使われない空間が増えてゆく。それらは、欲望に先導された新築の空間ではなく、欲望が使い切られた後の、強い役割を持たない、抜け殻のような空間である。人口が増えている時代においては、こうした空間はすぐに取り壊され、都市に新たにやってくる人たちの新しい欲望を受け止める空間として開発されたが、人口が減少する時代においては、こうした空間が変化すらできず、そこかしこに顔を出してくることになる。

そしてそこで起きることは、これまでのように欲望を読み取って空間が整備されるというパターンではなく、空間に欲望が刺激されて整えられるという新しい開発のパターンである。例えば祖父が残してくれた古い商家建築に訪れたら「ここでゲストハウスをやってみたい」と忘れていた欲望が頭をもたげたりする、空き店舗だらけの寂れた商店街を訪れたら「一つひとつの店舗に公的な

地が現れていくわけですね。そうだとすると、以前饗庭さんが『都市をたたむ』という本を出されていましたが、「縮小」よりも「たたむ」の方が現実を捉えているように思います。（牧原 出）

活動に取り組むNPOを呼び込んで、あらゆる地域の課題を解決する場所にしたい」とおぼろげだった欲望が整う、といったことはないだろうか。

これまでの開発との違いを明確にしていこう。読み取られるのは「欲望」ではなく「空間」である。その建物と周辺のつながり、建物が発する視覚的な情報、構造物としての物理的な安全性、仕上げに使われている材料の傷みの具合、空間の可変性……といった様々なことが読み取られる。そして、読み取りを通じて自分の中にある様々な欲望の呼び覚ましが行われる。この部屋は何に使えるだろうか、このファサードは何に転用できるだろうか、呼び覚ましは空間と対応させながら、空間に呼応するように行われる。そして呼び覚まされた欲望が、空間を通して再構成されていくことになる。

このように、空間と欲望がそれぞれを刺激し合いながら開発が行われていく。これからの未来では、このように空間と欲望の関係が反転していくのである。

6 自然―都市―前自然

この反転について、もう少し考えを深めていこう。

建物を建てるときには建築確認申請という手続きを経る必要があり、建物が出来上がったら登記の手続きをしなくてはならない。これらの手続きを経て建物は公的に都市の一部として位置付けられ、固定資産税の課税も始まる。建物を建てたら購入の契約が締結され、銀行から借り入れた資金返済の支払いも始まる。建物を建ててくれた人への支払い、土地や材料を提供してくれた人への支払いが行われ、建物を中心に経済が回転する。そして建物が建ったらそのお披露目のパーティが開かれ、入居の日に家族で家の前に揃ってパチリと写真を撮るなんていうことが行われ、ご近所とのお付き合いも始まる。そこで新しい暮らしが始まり、それは社会を作っていく。このように建物の造られた日ははっきりしており、その日付は、政治の仕組み、経済の仕組み、社会や文化の仕組みのそれぞれに輝かしく刻印されるのである。

しかし空き家や空き地になるとき、あるいは建物を取り壊すときはどうであろうか。建築「廃棄」申請という手続きはなく、住まなくなったからといって登記が変わるわけではない。その建物の代金はとっくに支払い済みであり、市場からは退場している。歳をとって在宅での暮らしがだんだんと厳しくなり、週に1日、2日と福祉施設のお世話になることが増え、やがて住まいから出て施設に入ってしまう。しかし「いつかは帰ってこよう」と住まいを売却もせずにそのままの状態にしておくということが多く行われる。建物を取り壊した日、ローンを払い終わった日、施設に入所した日、といった具合にこれらの一つひとつに日付を見出すことは可能であるが、全体として見たときに空き家や空き地になった日ははっきりしない。

このように空間を増やすときに比べると、空間が減るときにははっきりとした境目はなく、それは明確に定義されていない。空間としては確かにそこに存在しているにもかかわらず、近代化した「経済」「政治」「生活―文化」の3つの仕組みから脱出していくかのように、まるで透明人間のようにゆっくりと姿を消してしまうのである。それは「脱近代」という肩肘を張った強い行為ではなく、何となくそうなっていく、行為とすら呼べないものである。姿を消した後はその空間は何になるのか、いや、何になってしまうのか。

空間が「減る」あるいは「縮む」プロセスには、どこかしら都市空間がはらむ力の「弱まり」を感じます。それでもまだ「しぶとさ」は残っているような……。

（牧原 出）

都市を拡大するときに、私たちは自然から資源を取り出し、それを空間に転換してきた。自然地形に手を加えて土地を造成し、自然から得られる材料を用いて建物を造り、出来上がったものの外側を囲むようにして、自然と都市の間の境界を作る。都市は自然から資源を一方的に取り出してきたのである。では3つの仕組みからゆっくりと姿を消し、都市としての役割を終えていく空間はどうなるだろうか。山奥の廃村を見にいってもよい。あるいは都市の中にある空き家が雑草や樹木に浸食されていく様を見にいってもよい。一度作ってしまった空間は存外にしぶとく、自然が都市に変わったときのように一夜にして都市が自然に戻るということは起きない。しかし、自然と都市の間の境界が次第にあいまいになり、雨と風によって建物は外形を失っていき、材料は微生物に食い荒らされて別のものに変わり、四季が繰り返されるたびに植生が発達し、そこに野生動物による大規模な攪拌が入ることも、気象によるさらに大規模な攪拌が入ることもある。そこに都市がじわじわと自然に戻っていく様を見ることができるだろう。

自然が都市に変わったときに比べて、都市が自然に変わっていく速さが一桁違うことに注目しておく必要がある。自然が都市に変わるときは、造成↓建設

↓3つの仕組みへの組み込みといった一連のプロセスが1年や2年で進行するのに対し、都市が自然に戻っていくときは、3つの仕組みからの退場↓崩壊↓再自然化といった一連のプロセスが、10年や20年といった長い時間の中で進行する。この10年や20年という時間は、自然にとっては一瞬のことであるが、私たちにとっては十分に経験される時間であり、その間に経験される空間に名前を付けておく必要がある。

試みにその空間のことを、自然になる手前にある「前自然」と呼ぶことにしよう。名前はいまいちぱっとしないが、それは人口が減る時代に新しく出現した、新しい種類の空間であり、一つひとつは小さいが、合計すると膨大な量となって身の回りの都市空間に交ざり込んでくる空間である。

ここでいう「前自然」は、宮崎駿の映画『天空の城ラピュタ』を連想させます。（牧原 出）

7 前自然での狩り

都市化するときに私たちは自然から様々な資源を取り出してきた。では今度は前自然から、同じように資源を取り出すことができないだろうか。あちこちに出現する前自然において、どのような「狩り」が可能なのだろうか。前自然の可能性を考えていこう。

自然の中で人は安全に暮らすことができない。雨や風から身を守るのも一苦労であるし、食料の調達も難しい。そこで人はつねに命の危険にさらされ短命であったため、危険がないように、なるべく亡くならないようにするために発明されたのが都市である。しかし都市とて安全な空間ではなかった。住宅が足りないということは、どこかで住宅にありつけずに亡くなっていく人々がいるということを意味していたし、不衛生で危険な住宅が密集するスラムは、そこに伝染病や災害が発生しやすく、やはり都市の環境によって人が亡くなっていくということを意味していた。そこに、住宅を計画的に作ったり、スラムを発生させないようにする都市計画が必要とされ、働いてきたことは既述のとおりである。

つまり、都市化の動機も、都市計画の動機も、その背景には「何もしないと誰かが亡くなってしまうかもしれない」という切実な危機感があった。この危機感は人口が頂点を迎え、日本の都市空間が十分に満ち足りたことが明らかになった2010年頃まで残っていた。

そして前自然の可能性は、ついにその危機感から解き放たれた空間であるということにある。前自然では住宅は余らせるほど満ち足りており、風雨をしのぐことができる。空間の密度が下がるにつれて伝染病や災害のリスクは下がり、私たちは都市拡大の時代に密度を下げるために苦労して手に入れていた緑地や公園をたやすく手に入れることができるようになる。安全な、亡くならない空間であるということが前自然の可能性である。

その空間は3つの仕組みから退場しつつある空間である。しかし、その退場は何らかの外生的な意思によって強制的になされた退場ではなく、自発的な強い意思によってなされた退場でもない。「出ていけ」でも「出ていってやる」でもないのである。そこで起きていることは意思を持たないこと、意思が弱まることによる退場である。このことはつまり、誰かが意思を持つ、誰かが複数の人の意思をうまく方向付けることによって、いつでもその仕組みに復帰することができる、その仕組みに内在する力を引き出せる、ということを意味している。

例えば都市の中心部にある空き店舗を再生し、再び経済の仕組みに位置付けることは難しいことではない。2000年代の中頃より取り組みが盛んになっ

都市を「侵食」するようでいて、都市を安定させる要因を持つ「前自然」にはまだ仕掛ける余地がある。押しつ押されつという関係性のようでいて、そこで「狩り」をすることができるというイメージの豊かさに驚かされます。（牧原 出）

た「リノベーションまちづくり」というムーブメントでは、誰からも注目されず廃棄寸前だった古い不動産が新規の開発業者によって再生され、界隈の賑わいが創出されている(図表5―3)。時間がかかる大規模な再開発事業を仕掛けずとも、複数の小さな再生を連鎖させていくことで面的な広がりを持ったエリアが再生されていく。

前自然は都市の内部に細かく交ざり込んでおり、その空間と3つの仕組みの関係が完全に切れたわけではない。意思を持って前自然に何らかを仕掛けることで、3つの仕組みから再び力を引き出すことができる。例えば空き家を店舗に再生して再び経済の仕組みに位置付ける、あるいは空地を公共施設にして再び政治の仕組みに位置付ける、あるいは空き家を一族のゲストハウスにして再び家族の仕組みに位置付けるといったことである。そう考えると前自然はあちこちに放置された定期預金の預金通帳のようにも見えてくる。誰かが新しい意思を持って引き出し手続きをする

図表5-3 東京R不動産が西尾久で手掛けた「おぐセンター」(写真：筆者提供)

ことで、そこから貯金を引き出すことができる。人口が減るにしたがって、その預金は増えていくのである。

150年かけて私たちは「人が亡くならない空間」を作り上げてきた。その空間は強い意思を持たない大半の人々の暮らしを支えてくれるはずだし、はっきりとした意思を持って狩りに出れば、豊かな資源を引き出すことができる。やや楽天的だが、前自然の可能性はそのように総括できる。

8 経験の檻――「設計」と「ブリコラージュ」

この狩りはいったいどういう行為なのだろうか。

人々の欲望を仮定しながら、理論に基づいてものを作っていく行為は「設計」と呼ばれるが、それに対抗する「ブリコラージュ」という行為がある。手持ちのありあわせの材料、ありあわせの空間を手で触りながら、器用に何かを作り出していく行為、材料をこねくりまわしているうちにできてくる思わぬ形にしたがって造形を進めてゆく行為である。前自然との付き合い方もこれと似ているかもしれない。空き不動産を見て、自分を刺激して欲望を明文化し、空間を整えながら考えをまとめていく。確かにそれは設計ではなく、ブリコラージュ的な行為である。

狩りはブリコラージュだ！ そんな威勢の良い啖呵を切ってみたくもなるが、もう少し慎重に考えてみよう。ブリコラージュという言葉を最初に世に知らしめたレヴィ＝ストロースは、未開人の手仕事に注目した。アフリカからもたらされた仮面が（これはブリコラージュではないが）、パブロ・ピカソをはじめとする名だたる芸術家たちに影響を与えたことがあるように、あるいは縄文土器の造形が岡本太郎に影響を与えたように、あるいはシュヴァルの理想宮が多くの建築家の創造力を刺激したように、野蛮や未開が設計の理性からは作ることができない造形をもたらすこともある。

しかし、私たちがパブロ・ピカソや岡本太郎ではないのと同じ理由で、未開人が皆同じように器用だったわけではないことに気づく必要がある。未開社会には「未開の達人」がいたはずであり、達人を達人たらしめているものは、生まれついての手先の器用さだけでなく、どれほどのものを作り続けてきたのか、という未開人なりの経験の多寡があったはずである。未開人の両手指から魔法が湧き出してくるわけではなく、そこから経験した、している以上のものが湧き出してくることはなく、つまりブリコラージュは経験という檻の中に閉じ込められている。そして未開人はその檻を眺めることもできない。仮に未開人が手作りでほれぼれするようなトイレを作り上げていて、それを外からやってきた芸術家が激賞したところで、外から温水洗浄便座を担いでやってきたセールスマンの方が彼に圧倒的な影響を与えることができる。芸術家は未開人にトイレを作らせようとするが、未開人がどちらを選択するのかは火を見るよりも明らかである。

翻って、前自然からブリコラージュ的に新しい価値を創造するということは、一見して正しいように見えるが、経験の檻にとらわれたものであるし、その実践はやがてやってくるセールスマンに暴力的に駆逐される危険をつねに抱えている。筆者は、若い学生たちの設計のクリティークや審査に呼ばれることがあるが、彼らが空き家や空き地にシェアハウスやカフェばかり提案することに辟易することがある。彼らはまさしく経験の檻に閉じ込められているわけである。彼らはたやすく前自然にアクセスすることができ、それを使うことができるので、世の中がカフェとシェアで溢れかえることになってしまう。もちろんそれ

震災にあった復興都市では、沿岸部に大きな震災記念公園をつくることがよくあります。人が住めなくなっているので、廃墟ではあるんです。それでも、都市の中で人がいなくなった場所を都市プログラムのバグと考えるなら、バグを

は悪い世界ではないが、温水洗浄便座を担いだセールスマンには対抗することができない。

これは若い学生たちに限らず、前自然を生きる私たちのすべてに当てはまる問題である。私たちは、前自然においてどのように狩りの経験を積み上げ、狩りの技術を更新していけばよいのだろうか。最後に「近隣」と「パノラマ」という2つの方法の可能性を考えておこう。

バグのまま直すというのは、こういうことなのかなと思いました。（牧原　出）

9 近隣を引き受ける

経験の檻の困難さは、知らない人のことを考えることができない、という困難さでもある。私たちは知らないうちに、知らない人を檻の外側に置いてしまっているからである。

知らない人を助けたい、資源を知らない人と分かち合いたいという気持ちは、多かれ少なかれ誰でも持っている。新聞には困っている人たちについての報道があるし、ＳＮＳには弱っている人たちの声なき声が上がっていることもある。

声を一つずつ拾い上げて束ねて情報を発信しているNGOのウェブサイトにたどり着くこともあるだろう。もちろん、こうした方法で何かを必要とする知らない人にたどり着くことも重要であるが、これらの方法とて経験の檻をうまく脱出できるわけではない。

そこで、本稿で繰り返し扱ってきた「空間」の可能性にかけてみることにしたい。プログラムされたことか意思に基づくことしか起きない仮想空間ではなく、縦、横、高さの奥行きがある実空間のことである。実空間では、意思に基づかない人々の動き、あるいは意思をうまく形成できない人々の動き、つまり経験の檻の外側にある動きをつかまえることができる。近所の公園で途方に暮れている小学生も、異国で孤立している外国人も、道端に座り込んでしまったおじいさんも、そして注意を深くすれば自室から出てこない引きこもりの若者の動きもつかまえることができる。自分が経験すべき実空間(=これを近隣と呼ぶことにする)を設定し、近隣の人々の動きをつかまえ、その流れを整えることを前自然の狩りに組み込んでいく。近隣は御近所の範囲でもよいし、町内の範囲や学校区の範囲でもよい。

これはかつて仮想空間が発達する前には、人々が普通にやっていた、隣人愛に基づいて、あまり深く考えず、同じ空間に存在する他者を助けるということでもある。単純だがそんなことが、経験の檻を破り続けることにつながるのではないだろうか。

10 パノラマを描く

もう一つの方法は、もっともらしく当てずっぽうな展望を描くという方法、次稿で述べられている「パノラマ」を使ってみるということである。

今から50〜60年前、高度経済成長が後半にさしかかり1970年に大阪万博が開かれるまでがパノラマの全盛期だった。国民所得倍増計画（1960年）と全国総合開発計画（1962年）の時代であり、丹下健三《たんげけんぞう》が威勢よく「東京計画1960」を発表した時代でもある。一方でその後の1970年代は、コミュニティによるきわめて現実的な都市計画、いわゆる「まちづくり」の黎明期でもある。ごく単純化すれば、都市や国土に大雑把に線を引き、都市成長の力を整えていく大文字の都市計画が流行らなくなり（＝それらが20世紀初頭生まれのプラ

以前「昭和天皇と万国博覧会」という論文を書いたことがあります。そのときに気づいたのは、昭和天皇はパノラマとしての都市計画に関心を持っていたということです。その根底には、戦災、震災後に廃墟になった土地をなんとかしたいという思いがあったのだと推測しています。もちろん、天皇が都市計画に直

ンナーたちに一通りやり尽くされてしまい）、より解像度が高く、住民とのコミュニケーションに依拠した小文字の都市計画にプランナーたちの興味が移っていった過渡期である。そしてその中で、国土や世界を展望するというパノラマ的な視点と、実際の都市計画が生き別れになっていってしまう。象徴的に語るとすれば、国土計画を扱う国土庁が創設されたのが1974年のこと、その後2001年に建設省や運輸省と統合して国土交通省になるまでの約30年間、生き別れが続いたと言える。

もちろんこの生き別れは何らかの必然だったのだろうが、結果として私たちは、前自然を前にして、カフェやシェアハウスしか想像することができず、経験の檻に閉じ込められてしまった。もう一度そのパノラマの力を呼び覚まし、一つひとつの狩りのときに、当てずっぽうでもよいので、「国土」を物事を考える枠組みの中に入れてみる、ということはできないだろうか。幸いなことに我が国の地形は変化に富んでおり、ちょっとした山頂から広がった都市を展望したり、岬の先から内湾の構成を理解することができる。もちろん、グーグルアースを使って国土を俯瞰することもできる。地べたを探索するような狩りのあいまに、時折高いところから風景を眺めながら狩場の位置を確かめていく、

接言及したわけではなくて、万博のパノラマを見ていただけなんです。それでも、天皇がそこにたたずむことで、外交が始まるのです。それも半年間、代わる代わる海外の要人や元首がやってきて、接遇が行われました。そういう意味では、天皇は積極的かつ能動的に、日本のパノラマを論じる機会をつくっていたと考えることができます。（牧原 出）

そんな行為である。このことは、かっこよくいうと「国土を身体化する」ということであり、それは新しい狩りの方法につながっていくのである。

近代化が始まって150年目にして、私たちは久しぶりにリセットなき76年目に入ることができた。そこで奇しくも人口減少が始まってしまったため、我が国のリセットなき76年目には、重い関数に引っ張られた、前自然とでも呼べる特殊な空間が出現することになった。前自然は未来の人たちに豊かな恵みをもたらす狩場であるが、狩りの方法が経験の檻にとらわれないよう、その方法をつねに更新する必要がある。そのときに近隣を引き受けること、パノラマを描くことの2つが有効ではないか、そんなことが本稿で述べてきたことである。それはリセットなき76年目、77年目、78年目……をよりよいものへと少しずつ転換させていく戦略なのである。

注

★1　文部科学省「科学技術予測調査」(https://www.nistep.go.jp/research/science-and-technology-foresight-and-science-and-technology-trends, 2019)。

★2　富永健一『日本の近代化と社会変動——テュービンゲン講義』講談社、1990年、221ページ。

第6章

パノラマの21世紀へ
――メディアイベントへの「カウントダウン」

牧原 出

1 大阪・関西2025から大阪1970へ

大阪市内から大阪湾の向こうへ広がる埋立地の突端にある六角形の夢洲《ゆめしま》。淀川河口からの水流の障害にならないような形となっている。それが2025年の日本国際博覧会すなわち大阪・関西万博の会場予定地である。2019年、いまだ埋め立てられただけの島に入った。平坦なむきだしの地面が広がる中、周囲を見渡すと、埋め立て地の先端部であるため、遮るものがなく、明石、神

万博会場からの大阪湾の眺めは壮観でしたね。都市や圏域を「眺める」という行為は、都市や圏域のありかたを考える基本的な

戸、大阪と大阪湾から沿岸をぐるっと見渡すことができる。それは、海の「パノラマ」とでもいうべき装置だ。2025年の開催時には、「いのち輝く未来社会のデザイン」というテーマのもとで、世界から出展された様々なパビリオンでひしめく空間になるのだろう。

そもそも万国博覧会を、世界を見渡すパノラマと捉えたのが、哲学者のヴァルター・ベンヤミンである。ガラス張りの通路に店が建ち並ぶパサージュが、そぞろに歩きながら都市を把握する装置だったのに対して、世界各国から出品された展示を見て回る万国博覧会は、世界を一望に収めるパノラマという装置だという。[★1]都市のパノラマがパサージュであり、世界のパノラマは万国博覧会なのである。何しろ博覧会会場では、諸国のパビリオンが並び、珍品が陳列される。それらを遊覧するのは、世界を一回りすることとほぼ同義である。

博覧会好きというのは諸国にいるが、日本で最も著名な博覧会好きとは昭和天皇だっただろう。すでに幼年時代から博覧会に親しんだ昭和天皇は、次のような遊びを楽しんだと伝えられている。[★2]

御座所前の庭において、世界漫遊遊びをされる。岩を汽船に見立てて横

行為であり、かつての天守閣も領下を眺める物見台としての役割があったと思います。多くの人が都市や圏域を俯瞰して考えられるようになることは、民主化の一つの重要な要素だと思うのですが、民主化のための物見台の設計、あるいは都市や圏域を眺め通せる視点場を設計することは、都市計画の民主化にとって重要なことかもしれません。

（饗庭 伸）

浜を御出航、ハワイを経由し桑港に御着、それより空中飛行機にてニューヨークへ飛ばれ、再び汽船にてロンドンへお成りになり、日英博覧会御覧にて終了となる。

その昭和天皇こそ、1970年の日本国際博覧会「大阪万博」の立役者であった。日本そしてアジアで行われた最初の万博であり、名誉総裁は皇太子であったが、天皇として昭和天皇は開会式で挨拶をし、会場も3回訪問して、熱心に展示を見て回ったのである。また、ナショナル・デーに訪問するため来日した諸外国の元首、政府首脳との皇居での会見に臨み、天皇としての外交関係の構築に努めた。そうした交流をきっかけに、ベルギー国王から天皇・皇后夫妻を招待する手紙が送られ、昭和天皇は、歴史上初めて天皇としての海外訪問として、ベルギー、イギリスなどヨーロッパ諸国を訪問し、また時を置いてアメリカを訪問した。つまり、パノラマとしての万博を通じて、天皇は、パビリオンから出品国の現地へと飛び立ったのである。

本章では、「パノラマ」という装置を通じて、太平洋戦争の終結から現在に至る「戦後日本」を歴史的に眺め渡したい。それ自体「パノラマ」としての戦後史の中に、万博などの「パノラマ」という装置を埋め込んだらどのような歴史が見えてくるだろうか。そして2020年代からその先にどう広がるだろうか。そんな過去と未来を見通してみたい。

2 演出家の時代としての1960年代

世界を見渡す装置である「パノラマ」としての大阪万博は、戦後日本の高度経済成長のほぼ最後の時期ともいうべき1970年に開催された。2020年に安倍晋三《あべしんぞう》首相が歴代連続最長在位となるまで、戦後最長政権であった佐藤栄作《さとうえいさく》内閣のもとで行われた国家イベントであった。

佐藤内閣のブレーンを務めた劇作家・文芸評論家・哲学者の山崎正和《やまざきまさかず》は、この万博を直近の印象深い例として思い描きながら、1960年代を「演出家の時代」と言い当てた。山崎はつい昨日のように過ぎ去った時代としての1960年代を振り返った著書『おんりい・いえすたでい'60s』の中で、1960年代を「日本の近代史の中でもっとも静かな十年だった」と評している。佐藤内

閣が長期政権として「記録的な安定」を見せたのであり、「世界的にも冷戦時代の厳しい緊張が去った」と山崎はいう。★3

この十年間は国民の目の前に、いかなる意味でのスターも英雄も、裏返していへば、異様な悪役も現れない時代になりました。

だからこそ「政治が悲劇であれ、喜劇であれ、事件を引き起こす時代は去ったといふのが、六〇年代の一般的な印象でした」と山崎はまとめてみせる。

そして、英雄やスターを持たない時代に、「国民はどうして平和に耐へることができるかといふ問題に答へを出したのが、お祭りであった」。東京オリンピックや大阪万博、様々なフェスティバル、国民体育大会がそれにあたる。オリンピックの丹下健三《たんげけんぞう》や團伊玖磨《だんいくま》、万博に至っては、「無慮数百の演出家が建築家やデザイナーとして、あるいはテーマ委員、イヴェント屋として」動員された。またこれを報道したありとあらゆるメディアも演出家の一翼を担ったのである。

ここから山崎の筆はさらに横へ横へと展開していく。大阪の大企業には「万博室」といった新しいセクションが登場し、出展の演出に智慧を絞る社内エリートが集まる。コマーシャル・メッセージにはスターが登場するが、それ自体演出家の作品である。名前を隠したこれら演出家の実像は、スター性を消した影のチームである。そう見ると、学者や思想家が世に警鐘を鳴らすのも、もはや時代遅れであり、「集団でものを考へ、より隠れた場所で社会に影響を与へる方向」への転換の典型こそ、世界的な流行の中で組織された数々のシンク・タンクだと指摘して、山崎は筆を擱く。ちょうど1970年は野村総合研究所や三菱総合研究所が設立された時期で「シンク・タンク元年」と当時は呼ばれていた。政策提言が官僚組織からではなく、社会の側から多様に発せられる時代が来るのではないかと人は捉えた。山崎はこうした事象を視野に納めていたのである。

戦争と英雄の時代が消えゆく。あとは、イベントと一群の演出家の時代なのである。高度経済成長を実質的に開始した岸信介《きしのぶすけ》内閣は、1960年6月に日米安全保障条約改定をなしとげたが、国会を取り囲む大規模な抗議行動の中で、デモ隊と警察の衝突の結果女子学生が死ぬという事件を受けて総辞職せざるを得なかった。この「異様な悪役」としての岸首相の後、池田勇人《いけだはやと》内閣は、国民

この頃のシンクタンクを巡る議論は、戦後の社会の発展への期待と相まって、青臭いけど、理想に満ちたものだったのだと思います。下河辺淳さんが二代目の理事長をつとめた総合研究開発機構（NIRA）も、1974年の設立です。でも僕が社会に出た1990年代の後半は、シンク・タンクは成果主義にしばられ、一人が何本もの仕事を右から左に流していく、知の安売り工場のようになっており、とても社会を支える装

所得倍増計画を掲げて、高度経済成長の推進を最重要課題とした。内閣は、与野党間での政治的衝突をできる限り回避し、耳目を引く政治的事件は表舞台から姿を消した。その総辞職前の花道は、イベントとしての東京オリンピックであった。

国民所得倍増計画は、池田のブレーンであった大蔵官僚の下村治《しもむらおさむ》らのエコノミストが、池田派の政策研究会「木曜会」で練り上げたものであり、これを大蔵省幹部でやはり池田と親密なグループが支えた。[★4] 佐藤栄作が就任時に掲げた構想は「社会開発」であり、池田内閣の施策が経済偏重であることを批判し、社会保障や教育、コミュニティの維持発展など「社会」の維持発展に重点を移そうとした政策であった。これも「Sオペレーション」と呼ばれた、ジャーナリストや官僚など佐藤のブレーンが策定したものであった。そのうちの一人でサンケイ新聞の記者であった楠田實《くすだみのる》は、1967年に佐藤の秘書官となり、沖縄返還などの施策を進めていく。そこへ降りかかった大学紛争を前にして、楠田が集めた知識人の中に山崎がいたのである。

佐藤内閣最後の国家イベントは、沖縄返還であった。もっとも返還記念式典といったイベントではなく、返還交渉に携わった佐藤首相をはじめとする外交

置とはなっていませんでした。（饗庭 伸）

担当者、そして施政権返還を受けたもろもろの制度改革を担った国の官僚たち、復帰前の主席・復帰後の県知事屋良朝苗《やらちょうびょう》をはじめとする県庁職員たちによる壮大な事業であった。

その一人で、大阪万博の仕掛け人であった通産官僚に堺屋太一《さかいやたいち》がいた。1972年5月に沖縄開発庁那覇事務所に配属され、施政権返還の事務を務める堺屋の赴任前、佐藤首相は、「沖縄の人口を減らすな」と言った。それが返還の成功を意味するというのである。★5

その流れの先に、沖縄開発を見据えた沖縄海洋博覧会を堺屋は提案するようになる。博覧会行政を手掛けた数少ない経験者として、沖縄での博覧会準備を進めていったのである。★6

演出家の時代には、建築家やデザイナー、映画監督のようなオモテの人たちだけではなく、多数の裏方もそれを担う。万博の会場の計画には、オモテのプロデューサーが中心的役割を果たすが、開催場所を定めて誘致するのは、それ自体が一つの産業政策である。政策のアイディアを煮詰めるウラの演出も重要であり、それは国民所得倍増計画も同様であった。こうして、戦後から高度経済成長に至るまでは、ウラの演出を担う、構想力のある官僚が腕をふるったのである。

3　国土計画・1960と戦災復興・1945

この高度経済成長は、日本国内の風景を変えていく。なんといっても、新幹線・高速道路の整備と海岸部の工業地帯の造成によって、列島としての日本の風景が大きく変わっていった。こうした変貌する国土を見渡す装置としての「パノラマ」が、新全国総合開発計画に典型的な「国土計画」である。1969年に閣議決定されたこの計画は、戦後第2の国土計画であり、大規模プロジェクト論を柱として、鉄道、道路、空港などの交通ネットワークの整備を一つの核とし、もう一つの核に工業地域の分散配置を掲げた。さらに新しい国土について環境保全の観点から再構築するものであった。実際このときに提示された国土像こそ、その後の開発の結果、新幹線・高速道路網・各地の空港に代表される現在の日本各地の風景とその骨格となっていったのである。

策定の中心人物は、戦後の国土計画の推進者であった建設官僚の下河辺《しもこうべ》淳《あつし》である。国土計画について、下河辺は、戦災復興、1950年代の道路・鉄道・電信の「ボトルネックの打破」があって、1960年代の工業地帯の配置へ至るとまとめている。[★7] その原体験は、戦災復興のもととなる米軍の爆撃であった。戦災復興は、爆撃によって焼失した地域の再開発という面を色濃く持つ。だが、下河辺が戦中期に大学でのアルバイト業務として、米軍の爆撃を地図にプロットするという作業をしていたとき、下河辺は米軍が意図的に特定地域に焼夷弾を落として焼き払い、別の地域を温存していたことがはっきり読み取れたと回顧する。[★8] 焼失した区域こそ、新しい都市開発の対象である。つまり下河辺は、人為的な都市の焼失をパノラマとして眺め、その視点をポジとネガのように反転させて、戦災復興の開発地域を狙い定めたのである。焼失と開発、ネットワークとベルト地帯という概念を反転させたり、相補的に組み合わせたりという国土計画のアイディアは、そうした経験の積み重ねから編み出されたものといえるであろう。

山崎は、1960年代に「演出家の時代」を見出した。確かに、戦争と英雄といった時代からイベントと一群の演出家の時代となったかに見えたが、問題はその後である。国土計画では、その後卓抜なアイディアマンであった下河辺

当時は地図を簡単に使える時代ではなく、一部のエリートしか見ることができないものだったので、地図を眺めて俯瞰の視点を持てたことは大きなことだと思います。地図を重ねて分析を行うGIS（地理情報システム）の基本的な考え方は、イアン・マクハーグというエコロジカル・プランニングの第一人者が考えたのですが、1995年に訳出されたマクハーグの『デザイン・ウィズ・ネーチャー』の監訳者が下河辺さんです。地図を使った科学的なプランニングは、下河辺さんの生涯の主題の一つだったのだと思います。その後GISは、

を継承するプランナーは登場せず、計画期間が終了すれば、新しい国土計画が策定されていく。「演出家の時代」は、演出家なきイベントの時代となっていったのである。

それに拍車をかけたのが冷戦の終結である。2001年9月11日の同時多発テロ事件が世界を震撼させたとはいえ、むしろ局地的・散発的殺戮が起こったに過ぎず、世界の人々にとっても、日本人にとっても、様々なイベントに身を投じることが日常生活となっていく。テレビ・ラジオがイベントを伝える手段だったのが1960年代だったとすれば、冷戦終結後は次第にインターネットを通じた参加が重要となる。カウントダウン・イベントはその典型である。概ねそこには特定の演出はなく、多くの場合、誰もが知っている暦が指標となる。例えば、1999年から2000年になるタイミングで、キリスト教の千年王国論を基礎に、新しい千年の始まりを祝うというミレニアム・カウントダウン・イベントが、キリスト教国を中心として世界各国で開かれた。その後日本でも、年越しやハロウィーンといった節目に、若者が街頭に集い、仮装したりするようになるが、特に演出されるわけでもない自生的なイベントは、ごく普通の都市風景となっていった。

GoogleMapsの普及により、多くの人が使えるものになりました。（饗庭 伸）

4 フラット化する世界のパノラマ——2000年代

ミレニアム・カウントダウン・イベントを経て、21世紀に入ってほどなく登場した世界像が「フラット化する世界」である。2005年に英語版原本として出版されたときから「21世紀の短い歴史」と銘打たれたトーマス・フリードマンの著書である。フリードマンは、世界各国の先端の情報産業を次々と訪問していく様を、この著書の冒頭で描いた。ベルリンの壁の崩壊、インターネットの普及、新しいソフトウェアでの共同作業、アップロードによる拡散、先進国から非先進国へのアウトソーシング、事業拠点を移転するオフショアリング、サプライチェーンの拡張、グーグルでの情報収集、ロジスティクスに特化して他企業の業務を請け負い成長するインソーシング、そして新技術としてのワイヤレスで情報経路へのアクセスをどこからでも確保する。どれもがフラット化を進める要因である。かくして浮かび上がるのは、グローバル競争の競技場が地ならしをされていくという意味でのフラット化である。「フラット化する力は、これまでにないくらい遠くへ、速く、深く、そして安上がりに手を広げる力を個人に与えている」というのである。意思決定の高速化によって、巨大企業や国家官僚制のような階統型の組織ではなく、水平的に人々が結びつき、インターネットによるコミュニケーションのもと、柔軟かつ小規模な組織が、グローバルに瞬時に結びつくことができるのだ。[★9]

もっとも、後にフリードマンは、加速化に警戒すべきだと力点を変えるようになる。転換点は２００７年。リーマン金融危機の前触れ、サブプライム住宅ローン危機が起こる一方で、ＳＮＳの普及が始まり、ｉＰｈｏｎｅが販売される。グローバル化がもたらす社会矛盾と、さらなる加速化が同時並行的に進み始める。こうして２０１０年代は加速化の危機が訪れる時代となる。[★10]

このフリードマンの描く世界が眺め渡す「パノラマ」であるのは、「世界がフラット化すると、小さきものでも大きくふるまえる――小企業が急に世界を見渡す（see around the world）ことができる――ようになった」とインソーシングの章で触れているところからも明らかである。フラットだからこそ、起伏から生まれる障害なく四方遠くを眺め渡すことができるのである。

世界はフラット化したわけではなく、デジタル空間の高度化によってその中の地形が複雑化して、その地形を統べるものが権力を握れる、ということになり、結局は権力のありかが移動しただけ、ということかもしれません。実空間では国会議事堂などの象徴的な空間に権力が集約されますが、デジタル空間の場合は、より分かりにくくなりましたよね。（饗庭 伸）

5 2010年代の日本

では、フリードマンが危惧した2010年代はどうだっただろうか。スマートフォンがコモディティとなった2010年代以降では、加速化は一層容易になり、また個別化されている。小イベントそれぞれの背後にプロデューサーがいる。ユーチューバーともなれば、一人で演出・出演する個別化の極端なケースともなっている。

こうして個人による自己演出が可能となり始めた時代であった2010年代に、イベントと政治の関係はどうなっただろうか。演出家が澎湃と現れた1960年代と対比しながら、つい昨日のようにこの10年間を振り返ってみたい。

池田・佐藤の安定した長期政権が続いた1960年代と同様、2012年から20年まで第2次以降の安倍晋三内閣が、相対的な高支持率に支えられた安定的な政権運営を果たしていた。首相就任前に政治家安倍は、ニコニコ動画で独自のチャンネルを開設したり、首相就任後の2013年のニコニコ超会議では、迷彩服を着て戦車に乗り込むパフォーマンスを見せたりするなど、既存メディアの視聴者とは異なる層に向けた発信を行っていた。そこにはネットメディアに向けた演出があった。それは、2019年の総選挙で姿を現した自民党のメディア戦略へと発展していったのである。★11

他方、その安倍内閣の外交は、まさにフラット化の別名ともいうべき「地球儀を俯瞰する外交」であった。7年8カ月の政権下で安倍首相自ら外交に精力を集中し、訪問国数も飛行距離でも歴代最大を記録した。中国、ロシア、インドなどの大国をはじめ、アフリカ諸国とも関係強化を図った。集団的自衛権の憲法解釈を変更した上での安保関連法制の制定は、反対派による国会・首相官邸前でのデモを高揚させたが、それを乗り切り、ドナルド・トランプの大統領当選に際して、就任前にいち早く訪米して、日本の安全保障環境を丁寧に説明して、個人的な信頼関係をかちとった。地球全体を視野に入れた外交政策を目指したことは疑いがない。いうまでもなく、その「演出」は外務省と2014年に新設された国家安全保障会議の事務局の国家安全保障局であった。

安倍首相自身は、筆者自身立ち会った会議の場で独特の振る舞いがあった。いくつかの官邸での有識者会議で安倍首相は、入ってくるときも、出て行くときも小走りなのである。ある会議では、退席時に安倍首相のみ小走りで出て行き、官房長官らは歩いていったことなども記憶に鮮明である。気配りもあるだろうが、日程の窮屈さから来る忙しさを含めた首相の事務処理に加速が求められているであろうことを推察させるものであった。

その加速しつつあった事務処理がそのまま形を取ったのは、内政面での1年ごとの新しい施策の提案であった。2013年の地方創生、2014年に発表された女性活躍、2015年に着手された一億総活躍、2017年の働き方改革、2019年の全世代型社会保障改革である。これらは、1960年代の国土計画や、社会開発が形を変えた施策ともいいうるであろう。その特徴は、政策目標の達成度が明示されておらず、政策の終了地点がないことである。どうなれば「地方は創生」されるのか、どういう状態で国民が「総活躍」となるのか、は不明というしかない。つまり、「創生」「総活躍」などキャッチフレーズとして耳に心地よい政策だが、その質についての検討は脇に置かれた。何よりも走って入退室する首相に覆い被さる加速する業務を表すかのように、ここでは「やりがい搾取」を彷彿とさせる状況がほの見えた。

つまりは、「演出」としては雑にすぎた。というのも、こうした施策を出し続けるといった筋書きは、安倍政権に特徴的な、各省を圧倒した「官邸官僚」

この言葉の軽さは、国家政策が流行歌のごとく消費されていく時代を見越た、確信犯だと思います。どれほど重い覚悟で、重い言葉を使ったとしても、政策は消費されてしまいます。消費の過程において、わずかでも掘り起こされていく表層をみつけ、そこを手がかりに社会をどう耕していくか、ということが問われているのだと思います。

（饗庭 伸）

によるものであったからである。そもそも「官邸官僚」たちは、地方の発展や男女共同参画の専門を充分持っていない。その意図は、個々の施策の目標達成よりは、政権維持のために政策を着実に実施したかのように見せる点にあった。こうして見ると、政権の戦略に、海外訪問をメディアで伝えることで国民の前に安倍首相のリーダーシップを強調した面と、名称をキャッチフレーズのように流通させ、メディア・イベントとした面とが浮かび上がる。海外訪問は、それを国民が体験することはできない以上、政権はＳＮＳやメディアでの単独インタビューを多用して、メディア・イベントとしての外交交渉を強調できたのである。

こうしてメディア・イベントと化した政治には、あのパノラマの特徴である見渡す視点が生まれない。個別のテーマに関心を分断した方が、国民の支持を保つには有利だからである。おそらくは憲法改正を、本格的に政治課題としたときに、憲法制度全体を見渡すというパノラマが作動したのではないだろうか。にもかかわらず、政権は、憲法改正の発議の要件となる衆参で3分の2以上の議席を改憲勢力で占めたときにも、それに着手しようとしなかったのである。

これに対して、憲法問題に正面から着手したのが、天皇であった。明治以降

都市計画の分野では、安倍政権下でコンパクトシティの政策が策定されましたが、首相自身は全く関心を示していなかったと、国交省の役人たちの声を耳にします。したがって、人口減少のスタートに向けて、社会を開発しようとか、社会を安定させようという、大きい動機を欠いたまま、人口減少社会に突入してし

の天皇が決して行い得なかった退位を希望する意思を、２０１６年8月のビデオ・メッセージで伝えたのである。退位そのものが異例であったにもかかわらず、各種世論調査では8割以上の国民が支持した結果となった。また、第9条を主とした目標として憲法改正を進めようとした政権は、退位問題の取り扱いそのものが憲法上の天皇の地位にかかわるものであった点で、憲法を適切に運営する必要に迫られた。精細に退位の準備を進める一方で、国民に丁寧な議論を経た憲法改正条項を掲げるのは、実質的に不可能であった。即位後30年をもって退位するという天皇の意思からは、２０１８年末が期限となるため、この問題を検討するために「天皇の公務の負担軽減等に関する有識者会議」が設置された。17年1月に論点整理が公表され、当代の天皇に限り退位を認める特例法で対処するという方向性が打ち出された。その後、改元の時期は２０１９年5月1日を以て行うこととなり、退位から即位の儀式が２０１９年にかけて執り行われるスケジュールが発表されたのである。天皇がその意思で動くとき、そこから見渡す「パノラマ」を、ごく自然に国民も共有したというべきであろう。

それでも政権は、東京オリンピックという一大イベントを施策の一つに見定

まったのかなと思いました。（饗庭 伸）

人口が減少する国土において、天皇が果たす役割というのは大きなテーマだと思っています。国交省の人には笑われたのですが、土地を天皇に返すという仕組みをつくるのはどうかと

めていた。２０２０年8月にオリンピックを成功裏に収めた後、安倍自民党総裁の任期は終わる。２０１９年から２０２０年にかけては、改元、天皇退位、新天皇即位から聖火リレー、オリンピック開会といった「見渡す」行事が、日程上は目白押しだった。それはイベントと演出家の時代の再現のようにほんの一瞬であったが見えたのである。

6

新型コロナウイルス感染症と2030年の向こう

こうして、２０１０年代の日本政治では、総じて大事件もなく、メディア・イベントにとどまっていたところが、２０１９年から２０２０年にかけて、突如リアルのイベントが目白押しという状況となった。それは、政権の有終の美を飾ろうとする首相側近の思惑と、在位30年で退位することで憲法秩序の守護者たらんとする天皇の意思との相乗効果であった。いわば、天皇退位とオリンピック・パラリンピックとに向けて、国中がカウントダウンを始めたのである。

そこに降りかかったのが新型コロナウイルス感染症（以下「新型コロナ」）によ

提案したことがあります。役所に土地を返すとなると、役所側は維持管理が大変ですよね。それを天皇に返すとなれば、返す側も気持ちが落ち着くと思いますし、天皇の一筆があれば、「天皇の土地だ」というように、荒れ地だとしても、見る側の納得感は違うのではないかと考えています。

（饗庭 伸）

るグローバル・パンデミックであった。2020年3月11日にWHOがグローバル・パンデミックを宣言すると、東京オリンピック・パラリンピックは21年への延期に追い込まれた。感染拡大を抑制できない政権は、4月7日に営業自粛や外出自粛の要請を軸とする緊急事態宣言を発したのである。

グローバル・パンデミックによって、日々のニュースは世界と日本国内各都道府県の感染状況を伝え続ける。否応なしに、毎日のニュースで人々は世界中を見渡さざるを得ず、国内外の感染者数の増減に注目することとなる。これは確かに感染症をめぐる「パノラマ」であるが、病と死への恐怖にさいなまれる悲劇のパノラマが日常生活に根を下ろすこととなったのである。

感染爆発→ロックダウンかそれに類する自宅待機などの政府措置→措置解除後の感染再爆発→再度のロックダウンか自宅待機といった波を、各国は繰り返していく。もはや、近隣コミュニティの中でさえ人の対面接触は制限されるようになった。ましてや国境を越えて人が大量に移動することはなくなった。そうした中では、フリードマンが危惧したような社会変化が加速することもなくなった。

対面が減るということは、政治的にも社会的にも大きなイベントを共有する機会が減ることを意味する。オリンピックの延期は、その典型である。それはとりもなおさず、演出家の退場である。事実、東京オリンピック・パラリンピックでは、狂言師の野村萬斎《のむらまんさい》率いる開会式・閉会式の総合演出チームの解散から始まり、女性タレントへのハラスメント発言がリークされて、開会式責任者も辞任を余儀なくされた。スタジアムの設計案やロゴも当初の発表された案がのちに差し替えられるといった具合に、当初からプロデュースの問題が繰り返し浮上していたオリンピックの行末は、新型コロナによって風前の灯火となった。結局2021年に開催されたオリンピック・パラリンピックは、並行して当時としては最大級の新型コロナの感染拡大が起こり、ほとんど人々の記憶に印象を残さないままに終わった。

こうしたイベント不在の中で、政治・経済面で演出不在の事態は続いた。安倍政権を継承したはずの菅《すが》政権では、首相を支えるスタッフが不在であり、孤独にさいなまされた首相が閣僚や官邸官僚を怒鳴りつけたというリークが週刊誌面を賑わせた。企業でもみずほ銀行のシステムの運転停止といったこれまで同様の事態が繰り返されている。オリンピック後のとどまるところを知らない感染爆発によって、菅首相は退陣を余儀なくされた。みずほ銀行のシステムは、異例の行政処分によって、金融庁が管理することとなったのである。

そして、代替わり後の令和の天皇・皇后もまた、集まった国民の前に姿を現すことができず、かといってインターネットによる配信も存在感が薄まっている。2020年代のイベントの主体は、新型コロナの猛威の前に、立ちすくんでいるというべきかもしれない。

だが、今度は政治の中での「小イベント」の持続という新しい現象も生じつつある。感染拡大が沈静しない東京では、日々メディアで新型コロナ対策について語っている小池百合子《こいけゆりこ》都知事肝いりの政策「未来の東京戦略」が、2021年3月31日に決定された。2020年までの東京都の長期計画の次の20年の計画として、2040年代を見据えた長期計画である。長期的には臨海部開発構想である「東京ベイeSGプロジェクト」が柱となり、臨海部の台場、有明、青海地区に環境性能に優れたグリーンテック企業やスタートアップ企業を誘致するといった構想である。他方直近の2022年までは都庁内部管理のデジタルトランスフォーメーションが最重要課題となっている。

東京都はここでの手法を「不確実性が増す中にあって、従来の延長線上の発想ではなく、時代の先を見据えた取り組みを進めていかなければならない。より長期的な視点を持ち、想像力を働かせ、大胆な発想で政策を考える必要がある。まず、目指すべき未来を想定し、そこから逆算して、現在からそこに至る道筋を定めるバックキャストの手法を取り入れる」と述べる。もっとも、東京都が目指している2040年代の20のビジョンは、1番目に「子供の笑顔と子供を産み育てたい人で溢れ、家族の絆と社会が支える東京」といったものとなるように、1960年代の国土計画とそう変わらない未来図である。というのは、ここには、1960年代と同様、資源制約という発想に乏しいからである。それこそ、グローバル・シティとしての東京の特性とも言えるであろう。

このバックキャスティングの手法で未来図を描くというのは、2018年から2019年にかけて総務省の研究会「自治体戦略2040構想研究会」で総務省側が提示した政策決定の手法であり、ここでの課題を継承した第32次地方制度調査会は、さらに検討を深化させて、2020年6月に最終答申を提出した。答申は、2040年頃が、日本全体で高齢化のピークであるという人口推計をもとに、高齢化と人口減少を迎える将来を見越して、それぞれの地方自治体がこれからいかなる準備をするべきかを検討すべきと主張した。これにあわせて、全国の自治体がバックキャスティングをもとにした未来推計とそれに基

バックキャスティングの手法は僕も常に意識していることで、近代化以降の200年くらいの急激な人口増加と人口減少の時期の、最終幕の演出ということですよね。2040年ごろの都市の密度から、これから使わなくなる土地や建物の数を逆算し、そこに豊かな都市空間を埋めこんでいく、過疎ではなく、適疎

づく施策の見直しに着手していく。個別事業では、水道事業や、社会保障分野などで2030年や2050年をターゲットイヤーとした計画策定を国が地方に促すものもある。つまりは、特定の演出チームがあったわけではなく、そうした計画策定を機運とした動きが次々に生じていったのである。

1960年代の新全総という演出を引き継いだかに見えた官邸は、雑な内政の諸事業しか創り出せなかったが、国のアイディアが散発的に登場する中で、多くの地方自治体では、人口減を正面から受け止める計画を策定する必要に迫られ始めている。都市計画を専門とする饗庭伸は、都市計画にはオモテの図とウラの地があり、たえず地から新しい動きが起こるという視点で1990年から2020年までの都市計画史をとらえたが、[★12]国土計画史は、オモテの政府の演出と、ウラの自治体独自の機運による国土の造形という対によって特徴付けられる。こうした機運から生ずる趨勢は、確かに2020年代からその先に一層強まるだろう。

をゴールとした都市計画です。（饗庭 伸）

7 演出の演出としての2030年

その趨勢こそ、演出家なき小イベントの連続によって、大きなビジョンが生まれることかもしれない。その典型がパラリンピックである。1960年代の大イベントの陰にあった地味なイベントとしてのパラリンピック。元来脊髄損傷治療を専門とする病院「ストーク・マンデビル病院」の院長であったルートヴィヒ・グットマンが提唱した「国際ストーク・マンデビル競技大会」は、1960年のローマ・オリンピックの際に同時期・同場所の開催となり、64年の東京オリンピックの際に「パラリンピック」の名称が正式採用された。以後地道な取り組みを経て、「レガシー」としての2020年東京オリンピック・パラリンピックとなったのである。★13

だが、コロナ禍は観客動員数や会場規模の大きさによってイベントをランク分けすることを、無意味にしていく。大きなイベントの演出が意味をなさなくなりつつあるとすれば、2025年の大阪・関西万博はどうなるのだろうか。「非中心・離散」という誘致以来の理念は、確かに状況の一端を表現してはいるだろう。その方向性は、プロデュースが体系的にイベントをスケジュールするのではなく、ゆるく他のプロデュースを持続的に生み出すような仕掛けが求められていくことではないだろうか。つまり、プロデュースのプロデュースである。

　もちろん博覧会には全体のコンセプトがあり、それに基づいた展示が企画されるという意味では、2段階のプロデュースが仕組みに埋め込まれている。また、かつて大阪万博をさらに沖縄海洋博へと引き継いだのも、誘致というプロデュースの連鎖であった。高度経済成長という大きな正の趨勢の中で、イベントに次ぐイベントで彩られた時代も、密やかにプロデュースがプロデュースを形作っていた。

　これに対して、2020年代は、新しい感染症の感染拡大、地球温暖化、人口減、経済格差拡大といった負の趨勢がまずは危機として認知された。ワクチン接種、温室効果ガス削減、子育て支援、ラディカル・マーケットの設計[★14]といった対策が提唱されている。だが、どれも負の趨勢を緩和するとはいえ、実効的な対策であるかどうかは疑問が残る。「現代における人類社会の諸問題解決の場」をテーマとすることが1994年の博覧会国際事務局総会で決められた

都市計画では、市民を交えた「ワークショップ」を行っているところもあります。それは、流れに任せて発言が交わされているわけではなくて、どういう情報をどのタイミングで出すか、どういうキャラクターの専門家をどのタイミングで投入するかなど、周到に準備をして、パノラマ的に行われています。これもある意味、プロデュースのプロデュースと言えますね。（饗庭 伸）

後の博覧会でも、未来を演出するという当初の意義が薄れて、展示演出間で競争してよりよいものを提案するという機運が弱まり、展示物に多様性が失われつつあるという警告も出されているのである。★15

これら負の趨勢は、いずれも地球規模の現象である。だが、実情としては、その衝撃は地域によって相当程度様相が異なる。遠い未来を見ながら、地域での影響を緩和していく対処を繰り返す仕組みを、どうそれぞれの政治システムが作り出していくかが問われる。真面目に実効性を狙いながら、時に息抜きも忘れないといったイベントとともに、である。

過去を振り返れば、経済格差が目につき始めた日本で、2008年から2009年に年末年始の日比谷公園で行われた「年越し派遣村」の設営という運動は、問題のありかを伝えた点で明らかに転機であった。同じように、多様性に乏しい日本社会の場合、女性やマイノリティを包摂する仕掛けを埋め込むと、閉塞感も徐々に薄まるだろう。いかなる仕掛けが有効かは、指標による平等達成は遠い目標にしつつ、目前の閉塞感を打ち破るきっかけを探ることかもしれない。

1つには、身近な場での感覚の変容である。コロナ禍で常態となりつつある、対面とオンラインでの参加を併用する「ハイブリッド型」の会議である。地方議会では、世界的にオンライン議会が導入され、現在ではハイブリッドが推奨されつつある。企業、教育現場など様々な場面で試行錯誤が続く。ここでは、デジタルとリアルのインターフェースを身を以て実感することになる。社会的距離を保つには、オンラインの普及が望ましいが、あらゆるコミュニケーションをオンラインにすることはできない。デジタルとリアルの2つに同時に触れることで、身体とデジタルとのバランスの取り方が日常的に問われるようになるが、それはデジタルの急速な技術革新を体感することでもある。世代を問わず身体感覚がデジタルに即応するようになるこれからの時代に、メディア・イベントもより身体性を持たざるをえず、対面の集会にも様々な形でデジタル技術が感じ取れるレベルで入り込む。ここに新しいプロデュースの基盤が誕生するであろう。

2つには、政治の局面である。1960年代のようなブレーンが政府に入り込んで、アイディアを政策に転換するという単純な発想では、実効的な政策は生まれないであろう。かといって政府内部の官僚たちが勉強を重ねれば、アイディアが出てくるというわけでもない。一方で省や局課を超えた問題意識を官僚が感じ取り、他方で政党や社会の側で新しい政策構想が相互に交換されるといった動きが、どこかで同調するといった仕組みを新しく作る必要がある。かつては、勉強会・研究会・審議会といった対面の場がその機会であったが、ここにもハイブリッドな会合が様々に入り込むであろう。それらのつなぎ方で、プロデュースが生み出すプロデュースも変わってくる。官民や様々な多様な人材が幾重にも入り込めるからである。オンラインを取り入れることで参加の幅や多様性の可能性を広げて、どのように新しい政策を生み出せるだろうか。結論はないとすれば、結論ありきではなく、ボールを投げ合いながら、見えてきたものをさっとすくいとる技が、まずは政権中枢すなわち官邸に必要であろう。それは自ら結論を準備する「結論ありき」ではなく、結論のアイディアをそれとなく関係者から湧き立たせ、その核が見えてきた瞬間を逃さない判断力をどう政権中枢が備えるかである。新型コロナの制約の中での様々な模索が始まり、やがて花を開くときが来るにちがいない。

注

★1　ヴァルター・ベンヤミン『パサージュ論［第1巻］』今村仁司・三島憲一訳、岩波現代文庫、2003年、11、30ページ。
★2　『昭和天皇実録』1907年5月17日条（宮内庁『昭和天皇実録第一』東京書籍、2015年、217ページ）。
★3　山崎正和「おんりい・いえすたでい'60s」（同『山崎正和著作集 11』中央公論新社、1982年、124ページ）。
★4　牧原出『内閣政治と「大蔵省支配」——政治主導の条件』中央公論新社、2003年。
★5　村井良太『佐藤栄作——戦後日本の政治指導者』中公公論新社、2019年、350ページ。
★6　「堺屋太一オーラル・ヒストリー　万博に戦後史を読む　沖縄海洋博（1975年）を中心に」（佐野真由子『万博学——万国博覧会という、世界を把握する方法』思文閣出版、2020年、所収）。
★7　下河辺淳氏への聞き取り（1999年6月7日実施）。
★8　下河辺淳『戦後国土計画への証言』日本経済評論社、1994年、24ページ。
★9　トーマス・フリードマン『フラット化する世界——経済の大転換と人間の未来』伏見威蕃訳、日本経済新聞社、2006年。
★10　トーマス・フリードマン『遅刻してくれてありがとう——常識が通じない時代の生き方』伏見威蕃訳、日本経済新聞出版社、2018年。

★11 辻田真左憲・西田亮介『新プロパガンダ論＝on new propaganda』ゲンロン、2021年、第2章。

★12 饗庭伸『平成都市計画史――転換期の30年間が残したもの・受け継ぐもの』花伝社、2021年。

★13 稲泉連『アナザー1964 パラリンピック序章』小学館、2020年。

★14 エリック・A・ポズナー／E・グレン・ワイル『ラディカル・マーケット――脱・私有財産の世紀』安田洋祐監訳／遠藤真美訳、東洋経済新報社、2019年。

★15 澤田裕二「博覧会の『ゆきさき』を考える」（前掲『万博学』、450ページ）。

encore

牧原さんは、同じ長期政権である佐藤政権と安倍政権を比較されていましたが、始まりと終わりで社会が激変したのが佐藤政権で、ほとんど変わらなかったのが安倍政権だと考えることができますね。その違いは人口で見ると顕著で、佐藤政権のときは9718万人から1億759万人と1000万人増えています。その上で、平均寿命が今より短いので、たくさんの人が亡くなるけれども、それ以上に人が増えていました。一方で、安倍政権下では人口が減り始めたといっても、200万人ほど減少しただけで、停滞の時期だったといえます。

とはいえ、これからはいっそう人口減少が加速し、変化の大きい時代になっていきます。そこで必要になってくるのが、やはり国土を展望した大きなパノラマだと私は思います。現状は、空き家や空き地にカフェや公園をつくるというような、小さなパノラマを組み合わせることぐらいしかできないかもしれません。それでも、牧原さんがおっしゃっているように、パノラマをプロデュースするためのプロデュースの変化が、その限界を打破するかもしれません。それについて、牧原さんは最後の方に、オンライン化によって散乱する議論をいかに理論として練り上げていくかとおっしゃっていましたね。その場合、それらを村井さんのいうストーリーテリングとして伝えていくことも必要なのだと思います。

饗庭 伸

encore

私は1960年代から1970年までを現代と比較し、饗庭さんは1868年から75年間のスパンで現代との比較を行っていて、2030年の都市空間という抽象的な未来を考えるときに、うまく補いあっているのかなと思いました。

お互い結論としてパノラマの必要性を説いているのですが、饗庭さんの「近隣」を引き受けるという話に惹かれます。つまり、饗庭さんのいう前自然の状態を我々に恵みとして還元していくには、「計画の民主化」が必要だということですよね。パノラマが大事というのは、マクロな運動の指針になるからです。しかし、そのパノラマが専門家によって上から押しつけられた図であっては、人々はついてこない。だからこそ、人々の声を引き上げて、それらを上手く図にしていくことが、同意調達の仕組みとして必要だと考えています。その手段の一つとして、饗庭さんが実践されているワークショップが、これからより増えていくのかもしれませんね。

牧原 出

▶ 第12回研究会　2020年3月19日（木）TKPガーデンシティ品川
西田亮介氏（東京工業大学准教授）
「自動車エコシステムと革新の探求序論」
村井良太氏（駒澤大学教授）
「チーム佐藤と歩んだ経済的大国日本の50年」

▶ 第13回研究会　2020年7月1日（木）TKPガーデンシティ品川
饗庭伸氏（東京都立大学教授）
「都市の未来をどう予測するのか」

▶ 第14回研究会　2020年9月30日（木）東京大学先端科学技術研究センター
安田洋祐氏（大阪大学准教授）
「2つのSDGで描く資本主義の未来」

【オンラインシンポジウム】

▶ 2020年10月17日（土）
西田亮介氏、安田洋祐氏
「経済と社会の明日：競争と分断を超えて」

▶ 2020年10月31日（土）
稲泉連氏、村井良太氏
「本から見える戦後の高度経済成長とこれから」

▶ 2020年11月14日（土）
饗庭伸氏、牧原出氏
「空間でとらえる21世紀」

▶ 第15回研究会　2021年2月18日（木）東京大学先端科学技術研究センター
稲泉連氏（ノンフィクション作家）
「『アナザー1964』と私がノンフィクションを書く理由」

▶ 第6回研究会　2018年9月6日（木）〜7日（金）サントリー文化財団
研究会メンバーによる討議と万博記念公園見学

▶ 第7回研究会　2018年11月19日（月）TKPガーデンシティ品川
佐々木淳氏（悠翔会理事長）
「超高齢者社会と在宅医療・介護」
砂原庸介氏（神戸大学大学院教授）
「住宅・移動・政治」

▶ 第8回研究会　2019年2月18日（月）TKPガーデンシティ品川
石塚康成氏（富士通総研エグゼクティブコンサルタント）
「自治体の業務プロセスやシステムを標準化する取り組みと見解」
若生幸也氏（富士通総研、東京大学客員研究員）
「自治体の情報システムの現状と課題（コメント）」
稲泉連氏（ノンフィクション作家）
「1964年のパラリンピック」

▶ 第9回研究会　2019年7月30日（火）TKPガーデンシティ品川
角田朋哉氏（東京大学リサーチフェロー）
藤村龍至氏（建築家、東京藝術大学准教授）
「2020年代の建築と都市開発」

▶ 第10回研究会　2019年9月20日（金）ATCホール
「研究会メンバーによる討議と2025大阪・関西万博開催予定地（夢洲）視察」

▶ 第11回研究会　2020年2月17日（月）TKPガーデンシティ品川
伊藤亜紗氏（東京工業大学准教授）
「障害をめぐる様々な論点」
河合香織氏（ノンフィクションライター）
「出生前と終末期の生命をめぐって」

「2020年代の日本と世界」研究会 開催一覧

（役職は開催時のもの）

- 第1回研究会　2017年6月12日（月）TKPガーデンシティ品川
  メンバーの顔合わせ

- 第2回研究会　2017年9月22日（金）紀尾井カンファレンス
  佐々木紀彦氏（NewsPicks編集長）
  「日本3.0」
  谷口功一氏（首都大学東京教授）
  「『日本の夜の公共圏』から2020年代の地域コミュニティを考える」

- 第3回研究会　2017年12月21日（木）TKPガーデンシティ品川
  上原大祐氏（アイススレッジホッケープレーヤー）
  「東京2020はゴールではなく、スタートだ。」
  稲見昌彦氏（東京大学教授）
  「2020、2024、2028へと繋がる日本発メッセージ」

- 第4回研究会　2018年2月2日（金）TKPガーデンシティ品川
  網谷龍介氏（津田塾大学教授）
  「ポストモダン国家としてのEU？」
  新藤浩伸氏（東京大学大学院准教授）
  「コミュニティと社会教育」

- 第5回研究会　2018年6月27日（水）TKPガーデンシティ品川
  牧原出氏（東京大学教授）
  「これまでのまとめと問題提起」
  山崎重孝氏（総務省自治行政局長）
  「自治体戦略2040構想研究会について」

ィアと自民党』(角川新書、社会情報学会優秀文献賞)、『ネット選挙 解禁がもたらす日本社会の変容』(東洋経済新報社) などがある。

▶稲泉 連(いないずみ れん):第3章

ノンフィクション作家
1979年東京都生まれ。早稲田大学第二文学部卒業。『ぼくもいくさに征くのだけれど――竹内浩三の詩と死』(中公文庫) で第36回大宅壮一ノンフィクション賞を受賞。他の著書に『宇宙から帰ってきた日本人――日本人宇宙飛行士全12人の証言』(文藝春秋)、『アナザー1964 パラリンピック序章』(小学館)、『「本をつくる」という仕事』(ちくま文庫)、『ドキュメント豪雨災害――そのとき人は何を見るか』(岩波新書) などがある。

▶村井良太(むらい りょうた):第4章

駒澤大学法学部教授
1972年香川県生まれ。神戸大学大学院法学研究科博士課程修了。博士(政治学)。著書に『政党内閣制の成立 一九一八〜二七年』(有斐閣、サントリー学芸賞)、『政党内閣制の展開と崩壊 一九二七〜三六年』(有斐閣)、『佐藤栄作――戦後日本の政治指導者』(中公新書、日本防衛学会猪木正道賞特別賞)、『市川房枝――後退を阻止して前進』(ミネルヴァ書房)、『日本政治史――現代日本を形作るもの』(共著、有斐閣) などがある。

▶饗庭 伸(あいば しん):第5章

東京都立大学都市環境学部教授
1971年兵庫県生まれ。早稲田大学理工学部建築学科卒業、同大学大学院修了。博士(工学)。東京都立大学助手、同大学都市環境学部准教授を経て現職。専門は都市計画・まちづくりで、主に都市計画における市民参加手法、人口減少時代の都市計画、震災復興のまちづくり、東アジアのまちづくりを研究。山形県鶴岡市、岩手県大船渡市、東京都世田谷区などのまちづくりに関わる。著書に『都市をたたむ――人口減少時代をデザインする都市計画』(花伝社)、『津波のあいだ、生きられた村』(共著、鹿島出版会、日本建築学会著作賞)、『平成都市計画史――転換期の30年間が残したもの・受け継ぐもの』(花伝社、日本建築学会著作賞、日本都市計画学会論文賞、不動産協会賞)、『都市の問診』(鹿島出版会) などがある。

編著者・著者紹介と執筆担当章（※は編著者）

▶ 牧原 出（まきはら いづる）※：第6章

東京大学先端科学技術研究センター教授

1967年愛知県生まれ。東京大学法学部卒業、同年助手。東北大学法学部助教授、同大学大学院法学研究科教授を経て現職。2011年博士（学術）。専門は行政学・政治学・政治史。著書に『内閣政治と「大蔵省支配」――政治主導の条件』（中公叢書、サントリー学芸賞）、『行政改革と調整のシステム』（東京大学出版会）、『権力移行――何が政治を安定させるのか』（NHKブックス）、『崩れる政治を立て直す――21世紀の日本行政改革論』（講談社現代新書）、『田中耕太郎――闘う司法の確立者、世界法の探究者』（中公新書）などがある。

▶ 安田洋祐（やすだ ようすけ）：第1章

大阪大学大学院経済学研究科教授

1980年東京都生まれ。東京大学経済学部卒業。最優秀卒業論文に与えられる大内兵衛賞を受賞し経済学部卒業生総代となる。米国プリンストン大学へ留学して2007年にPh.D.（経済学）を取得。政策研究大学院大学助教授、大阪大学准教授、リスボン大学客員研究員などを経て、2022年7月より現職。専門はマーケットデザイン、ゲーム理論。*American Economic Review*をはじめ、国際的な経済学術誌に論文を多数発表。新聞・雑誌への寄稿やテレビ番組出演などを通じて情報発信にも取り組む。朝日新聞論壇委員会、政府系審議会の委員などを歴任。2020年6月に株式会社エコノミクスデザインを共同で創業。

▶ 西田亮介（にしだ りょうすけ）：第2章

東京工業大学リベラルアーツ研究教育院准教授

1983年京都府生まれ。慶應義塾大学総合政策学部卒業。同大学大学院政策・メディア研究科修士課程修了。同政策・メディア研究科後期博士課程単位取得退学。2014年に慶應義塾大学にて、博士（政策・メディア）取得。同大学大学院政策・メディア研究科助教、中小機構経営支援情報センターリサーチャー、東洋大学、学習院大学、デジタルハリウッド大学大学院非常勤講師、立命館大学大学院特別招聘准教授等を経て、現職。著書に『「言葉」で読み解く平成政治史』（千倉書房）、『メデ

「2030年日本」のストーリー
武器としての社会科学・歴史・イベント

2023年3月8日発行

編著者——牧原　出
著　者——安田洋祐／西田亮介／稲泉　連／村井良太／饗庭　伸
発行者——田北浩章
発行所——東洋経済新報社
〒103-8345　東京都中央区日本橋本石町1-2-1
電話＝東洋経済コールセンター　03(6386)1040
https://toyokeizai.net/

装　丁……………………秦　浩司
本文レイアウト・DTP……米谷　豪
印刷・製本………………丸井工文社
編集協力…………………パプリカ商店
編集担当…………………渡辺智顕

Printed in Japan　ISBN 978-4-492-50341-6